职业教育汽车类专业规划教材

汽车商务礼仪

刘易莎 主编 ／ 钟晓红 杨运来 曾小山 副主编

清华大学出版社

北京

内 容 简 介

本书从培养汽车销售顾问、汽车服务顾问核心岗位人员必备的礼仪能力角度出发，以工作过程为导向，以汽车销售服务企业使用的典型活动礼仪为中心，介绍了汽车商务形象设计、汽车展厅销售礼仪、汽车商务服务礼仪、汽车商务会展礼仪等方面的内容。

本书可作为职业院校汽车类专业学生专业基础课的教学用书，也可作为汽车销售服务企业从业人员的参考用书。

本书封面贴有清华大学出版社防伪标签，无标签者不得销售。
版权所有，侵权必究。举报：010-62782989，beiqinquan@tup.tsinghua.edu.cn。

图书在版编目（CIP）数据

汽车商务礼仪/刘易莎主编. --北京：清华大学出版社，2016（2023.1重印）
职业教育汽车类专业规划教材
ISBN 978-7-302-44027-7

Ⅰ. ①汽… Ⅱ. ①刘… Ⅲ. ①汽车－商务－礼仪－职业教育－教材 Ⅳ. ①F766

中国版本图书馆 CIP 数据核字(2016)第 166586 号

责任编辑：刘翰鹏
封面设计：常雪影
责任校对：刘　静
责任印制：曹婉颖

出版发行：清华大学出版社
网　　址：http://www.tup.com.cn, http://www.wqbook.com
地　　址：北京清华大学学研大厦 A 座　　邮　编：100084
社 总 机：010-83470000　　邮　购：010-62786544
投稿与读者服务：010-62776969, c-service@tup.tsinghua.edu.cn
质量反馈：010-62772015, zhiliang@tup.tsinghua.edu.cn

印 装 者：三河市龙大印装有限公司
经　　销：全国新华书店
开　　本：185mm×260mm　　印　张：10.25　　字　数：230 千字
版　　次：2016 年 8 月第 1 版　　印　次：2023 年 1 月第 7 次印刷
定　　价：49.00 元

产品编号：070133-02

职业教育汽车类专业规划教材
专家委员会

顾问
陈晓明（中国机械工业教育发展中心主任、教育部全国机械职业教育教学指导委员会副主任兼秘书长）

专家委员会主任
吴培华（清华大学出版社总编辑、编审）

专家委员会委员
李双寿（清华大学教授、清华大学基础工业训练中心主任）

张执玉（清华大学汽车工程系教授）

王登峰（吉林大学汽车学院教授、博士生导师）

刘　洋（广汇汽车服务股份公司人力资源总经理）

李春明（长春汽车工业高等专科学校副校长教授）

陈博伟（上汽大众VW服务技术培训部经理）

白晓英（上海通用汽车市场营销部网络发展与管理经销商培训特殊项目经理）

楼建伟（中锐教育集团总经理助理、教育部全国机械职业教育教学指导委员会产教合作促进与指导委员会秘书长）

职业教育汽车类专业规划教材
编审委员会

编审委员会主任
周肖兴(中锐教育集团董事总经理、教育部全国机械职业教育教学指导委员会产教合作促进与指导委员会主任委员)

编审委员会副主任
夏令伟(中锐教育集团研究院副院长、无锡南洋职业技术学院汽车工程与管理学院院长、教授)

丁　岭(清华大学出版社职业教育分社社长、编审)

韩亚兰(中锐教育集团华汽事业部总经理)

钱　强(无锡南洋职业技术学院汽车工程与管理学院副院长、副教授)

编　委(按姓氏拼音字母排列,排名不分先后)
陈　荷　陈光忠　戴　华　丁雪涛　高培金　韩玉科　贾清华　荆旭龙　康　华
李　权　梁建和　刘佳霓　龙　超　鲁学柱　钱泉森　王金华　王晓峰　魏春雷
席振鹏　肖　翔　徐景山　薛　淼　杨运来　于得江　张　芳　章俊成　赵成龙
周有源

执行编委
朱　莉

编　辑
刘士平　帅志清　刘翰鹏　王剑乔

序

汽车业是国民经济的重要支柱产业之一。汽车工业是生产各种汽车主机及部分零配件或进行装配的工业部门。中国汽车制造业增势迅猛,2009年国内汽车销量突破1300万辆,超越美国成为全球最大的汽车市场。2014年,国内汽车年产销2 200万辆。汽车是高科技的综合体,并且随着汽车工业的不断发展,新技术、新材料、新工艺、新车型不断涌现,给人们带来丰富多彩的汽车文化的同时,也给汽车从业人员和汽车专业的教学提出了新的挑战。

汽车后市场是指汽车销售以后,围绕汽车使用过程中的各种服务,涵盖了消费者买车后所需要的一切服务。商务部公布的汽车授权销售商已经突破9万个,其中24 000家4S店;国内拥有600余家新车交易市场或汽车园区,拥有800余家二手车交易市场,拥有1 000余家汽车配件和汽车用品市场。汽车后市场的繁荣形成了巨大的高技能人才需求。

职教领域汽车专业是随着汽车工业不断发展而衍生出来的一个专门服务于这个行业的专业系,主要包括汽车服务工程、汽车销售与评估、汽车检测与维修、汽车商务管理等学科,基本涵盖了汽车行业研发、制造、销售、售后服务等过程。目前一些职业院校人才培养还不能够适应行业发展需要,成为阻碍汽车行业发展的一个至关重要的问题。如何能够协调好行业发展与人才培养问题,需要切实解决在职业教育中汽车专业所需要面对的问题方法,从教学观念着手,切实改进教育方法,注重学生实际操作能力要求,加强学生实际工作能力,加强师资队伍建设,加强与企业的深度融合。

中锐教育集团与上海通用、上海大众、一汽奥迪、广汽本田、中国汽车流通协会以及国内众多的汽车经销商集团合作,学习并吸收国外先进的职业教育经验和人才培养模式,引入汽车主机厂的员工培训模式与方法,和清华大学出版社联合推出此系列规划教材。教材针对当前汽车产业所采用的大量新技术、汽车检测新技术和新设备的升级更新,针对汽车行业与企业对人才需求的新标准和新要求,针对学生今后就业岗位的职业岗位能力要求和职业素养要求,正满足汽车专业职业教育产教融合的需要。

汽车商务礼仪

　　随着国家提出创新驱动的战略,未来汽车行业对于技能型人才的需求还将继续扩大,同时国家正在致力于推动汽车职业教育的转型升级,汽车行业职业教育面临着机遇和挑战并存的现状。希望通过双方共同的努力,逐步建立整套汽车专业设置的解决方案,完善汽车职业教育与汽车行业企业人才需求、课程内容与汽车职业标准,培养满足未来汽车行业要求的技能型人才。

写于清华园
2014 年 12 月

自　序

　　职业教育培养的是技术技能型人才,为工业化转型和经济发展升级换代提供人力资源保障,发展职业教育是提升综合国力和核心竞争力的重要措施和手段,是实现中国梦的重要支撑。职业教育是现代国民教育体系的重要组成部分,在实施科教兴国和人才强国战略中具有重要的作用。党中央、国务院高度重视发展职业教育,《国家中长期教育改革和发展规划纲要(2010—2020)》和《现代职业教育体系建设规划(2014—2020)》等文件都强调要大力发展职业教育,明确未来要让职业学校的专业设置、教学标准和内容更加符合行业、企业岗位的要求。

　　中锐教育集团创始于1996年,是中锐控股集团旗下的主要成员,总部位于上海,是中国领先的职业教育投资商和服务商,经过多年的不懈努力,形成了涵盖基础教育、高等教育、国际教育、职业教育与企业培训的集团化教育课程体系,是目前国内教育业务范围最广、投资规模最大的教育集团之一。

　　2006年,中锐教育集团响应国家大力发展职业教育的号召,认真贯彻落实国家教育改革与发展纲要精髓,积极推动汽车制造与服务类专业改革与创新,力争教育教学质量和人才培养指标提升,为行业提供高素质人才。集团以汽车职业教育为龙头,创立"华汽教育"品牌,积极引进国外优质教育资源、课程体系、师资力量以及考试认证体系,整合行业资源,成功开发了符合中国国情、拥有自主知识产权的汽车职业教育课程体系。中锐教育集团把优化专业结构、创新人才培养模式、加强专业内涵建设和课程体系建设作为教育教学改革的重点核心任务,积极组织研发教材,旨在提高教育教学质量和办学水平。

　　近些年,中锐教育集团坚持教育改革,探索和建立完善的教学体系,围绕学生就业核心岗位的工作领域构建人才培养方案,形成公共教学平台、专业基础平台、专业模块加专业拓展平台的课程体系;针对专业所面向的行业(产业)与岗位群,以岗位通用技能与专门技能训练为基础,系统设计满足专业共性需求与专门化(或个性化)需求、校内校外相结合的实训体系;围绕专业人才培养方案,以培养职业岗位能力和提高职业素养为重点,在校企之间搭建信息化平台,将企业资源引入教学中,建设开放式的专业教学支持系统,创建先进的数字化学习空间,实现信息化教学资源在专业内的广泛共享。

中锐教育集团不断改革与完善课程结构,自2007年以来,开发了华汽1.0版本、2.0版本和3.0版本的教材。在前三个版本基础上开发了4.0版本教材。本4.0版本教材针对现代汽车上采用了大量的新技术、汽车检测新技术、新设备的升级更新、针对汽车行业与企业对人才需求的新标准与新要求、针对学生今后就业岗位的职业岗位能力要求和职业素养要求,教材建设要体现思路新、内容新、题材新。中锐教育集团积极与上海通用、上海大众、一汽奥迪、广汽本田和全国机械职业教育教学指导委员会、机械工业教育发展中心、中国汽车流通协会,以及与全国众多的汽车经销商集团合作,学习吸收国外先进的职业教育先进经验和人才培养模式与方法,引入汽车主机厂的员工培训模式与方法,将岗前培训的要求与内容引入课程中,将职业岗位能力要求嵌入课程,课程建设始终贯彻建立以服务地方经济为目标,以学生就业为导向,加强职业素质训导、强化职业道德教育,强化任务驱动、项目导向"教—学—做"一体化的教学模式。

为了适应教学改革的需要,积极发展信息化教学。4.0版教材具有纸质版与电子版两种版本,纸质版教材多数采用彩色印刷,图文并茂,更符合高职学生的学习要求。中锐教育集团积极开发O2O在线教学与管理平台,将电子版教材放入"电子书包"中,同时与微课、微视频、操作技能培训视频、错误操作纠错视频、原理动画等相配套。与教学互动、在线考试相结合,充分利用信息化教学平台,激发学生的学习积极性和主观能动性,提高教学质量,提高职业岗位能力的培养。

本丛书组建了高等院校、高等职业技术学院、汽车工程学术组织、汽车技术研究机构、汽车生产企业、汽车经销商服务企业、汽车维修行业协会、汽车流通行业协会及汽车职业技能培训机构等各方人士相结合的教材编审委员会,以保证教材质量。

真诚地希望本丛书的出版能对我国的职业教育和技能培训有所裨益,热切期待广大读者提出宝贵意见和建议,使教材更臻完善。

2014年12月

前　言

当前,随着市场的发展,各大汽车厂商竞争激烈。在汽车销售服务过程中,汽车企业塑造的形象与汽车销售服务人员的礼仪素质往往成为决定企业生存状态的重要因素。为了使汽车营销服务从业人员全面、系统地掌握汽车商务礼仪的知识与技巧,提升自身的礼仪素质,塑造良好的企业形象,增强汽车销售企业的核心竞争力,故我们组织编写了本书。

本书以汽车销售顾问、汽车服务顾问核心岗位人员为主要对象,重点介绍与汽车销售、汽车服务过程相关的系列礼仪知识,包括汽车商务形象设计、汽车展厅销售礼仪、汽车商务服务礼仪、汽车商务会展礼仪等方面的内容。本书可作为职业院校汽车类专业学生专业基础课的教学用书,也可供汽车销售服务企业从业人员参考。

本书具有如下特点。

1. 针对性

本书针对职业院校汽车技术服务与营销专业学生、汽车销售服务企业从业人员编写,案例丰富,易操作,图文并茂,学习效果好。

2. 行业性

本书以实际应用为导向,在项目安排上选取了汽车销售服务企业典型的活动礼仪作为教学项目,凸显汽车商务礼仪的特色和实践性。

3. 新颖性

本书体例上以培养岗位技能点为思路,紧扣汽车销售、服务岗位能力进行教学任务的安排,打破了现有同类教材以理论内容为导向的结构体系。

本书由江西环境工程职业学院刘易莎任主编,钟晓红、杨运来、曾小山任副主编。江西环境工程职业学院汽车学院汽车技术服务与营销专业学生车芳芳、张春常担任教学资料图片示范模特。

本书在编写过程中借鉴了现有的相关教材、著作、文献资料等,在此对其作者表示衷心的感谢。

由于编者水平有限,书中难免存在疏忽或不妥之处,恳请专家、广大读者朋友批评、指正。

编　者
2016 年 4 月

目　录

模块 1　汽车商务礼仪认知　　<<<1

 1.1　礼仪的内涵　………………………………………………………　3
 1.2　汽车商务礼仪概述　…………………………………………………　4
  1.2.1　汽车商务礼仪的内涵、原则、作用　………………………　4
  1.2.2　汽车商务礼仪的操作原则——3A 原则　…………………　5
 1.3　汽车销售与服务岗位的商务礼仪要求　……………………………　6
  1.3.1　汽车展厅销售流程与汽车服务流程　………………………　6
  1.3.2　汽车销售与服务人员的职业素养及能力要求　……………　7
 复习与思考　………………………………………………………………　8

模块 2　汽车商务职业形象设计　　<<<9

 2.1　职业形象设计概述　…………………………………………………　11
  2.1.1　职业形象设计　………………………………………………　11
  2.1.2　汽车商务职业形象设计　……………………………………　11
 2.2　汽车商务仪容设计　…………………………………………………　12
  2.2.1　基本仪容礼仪　………………………………………………　12
  2.2.2　面部修饰　……………………………………………………　13
  2.2.3　职业妆容　……………………………………………………　21
 2.3　汽车商务仪表礼仪　…………………………………………………　29
  2.3.1　汽车商务着装规范　…………………………………………　29
  2.3.2　男士商务着装礼仪　…………………………………………　30
  2.3.3　女士商务着装礼仪　…………………………………………　38
  2.3.4　配饰礼仪　……………………………………………………　42
  2.3.5　奢侈品　………………………………………………………　45
 2.4　汽车商务仪态礼仪　…………………………………………………　50
  2.4.1　形体美　………………………………………………………　50
  2.4.2　站立姿态　……………………………………………………　51
  2.4.3　蹲坐姿态　……………………………………………………　54
  2.4.4　行走姿态　……………………………………………………　57

2.4.5　手势姿态 ··· 58
  2.4.6　表情神态 ··· 60
 2.5　技能实训：汽车商务职业形象——仪表礼仪 ································· 61
 2.6　技能实训：汽车商务职业形象——仪容礼仪 ································· 62
 2.7　技能实训：汽车商务职业形象——仪态礼仪 ································· 63
 复习与思考 ··· 64

模块 3　汽车商务展厅销售礼仪　　<<<67

 3.1　汽车销售见面礼仪 ··· 69
  3.1.1　称谓 ··· 69
  3.1.2　介绍 ··· 71
  3.1.3　握手 ··· 73
  3.1.4　名片 ··· 75
 3.2　汽车销售接待与拜访礼仪 ·· 77
  3.2.1　汽车商务接待礼仪 ··· 77
  3.2.2　汽车商务拜访礼仪 ··· 83
 3.3　汽车商务宴请礼仪 ··· 84
  3.3.1　正式宴请礼仪 ··· 84
  3.3.2　工作餐礼仪 ··· 86
 3.4　汽车商务馈赠礼仪 ··· 87
  3.4.1　馈赠礼品的选择 ·· 87
  3.4.2　馈赠的方式 ··· 88
  3.4.3　受礼的礼仪 ··· 88
 3.5　技能实训：汽车销售见面礼仪 ··· 89
 3.6　技能实训：汽车销售接待礼仪 ··· 90
 复习与思考 ··· 92

模块 4　汽车商务服务礼仪　　<<<93

 4.1　汽车服务沟通礼仪 ··· 95
  4.1.1　礼貌用语 ·· 95
  4.1.2　汽车商务沟通规范 ··· 95
  4.1.3　汽车商务沟通技巧 ··· 98
 4.2　汽车服务电话礼仪 ··· 100
  4.2.1　拨打电话 ·· 100
  4.2.2　接听电话 ·· 102
  4.2.3　代接电话 ·· 103
  4.2.4　手机使用规范 ·· 103
 4.3　汽车商务文书规范 ··· 105

4.4 汽车商务沟通工具使用礼仪 …………………………………… 106
　　4.4.1 电子邮件 …………………………………………………… 106
　　4.4.2 即时通信工具 ……………………………………………… 107
4.5 汽车商务跟踪服务礼仪 ………………………………………… 108
　　4.5.1 售后回访 …………………………………………………… 108
　　4.5.2 投诉处理 …………………………………………………… 110
4.6 技能实训:汽车服务电话礼仪 ………………………………… 112
4.7 技能实训:汽车商务文书礼仪——电子邮件 ………………… 113
复习与思考 …………………………………………………………… 115

模块 5　汽车商务会展仪式礼仪　<<<117

5.1 汽车商务会展礼仪 ……………………………………………… 119
　　5.1.1 会展与汽车展览会 ………………………………………… 119
　　5.1.2 汽车展览会礼仪 …………………………………………… 122
5.2 汽车商务仪式礼仪 ……………………………………………… 126
　　5.2.1 汽车商务交车仪式 ………………………………………… 126
　　5.2.2 汽车商务庆典仪式 ………………………………………… 127
复习与思考 …………………………………………………………… 129
作业单 2-1　汽车商务形象礼仪——仪表礼仪 …………………… 131
作业单 2-2　汽车商务形象礼仪——仪容礼仪 …………………… 133
作业单 2-3　汽车商务形象礼仪——仪态礼仪 …………………… 137
作业单 3-1　汽车销售见面礼仪 …………………………………… 139
作业单 3-2　汽车销售接待礼仪 …………………………………… 141
作业单 4-1　汽车服务电话礼仪 …………………………………… 143
作业单 4-2　汽车商务文书礼仪 …………………………………… 145

参考文献　<<<147

模块 1

汽车商务礼仪认知

◎ **学习目标**

1. 知识目标
（1）了解汽车商务礼仪内涵；
（2）熟悉汽车销售流程；
（3）熟悉汽车服务流程；
（4）掌握汽车商务人员职业素养与能力要求。

2. 能力目标
（1）学会礼仪的内涵和汽车商务礼仪的内涵；
（2）熟悉汽车销售顾问、汽车服务顾问的工作流程及内容，掌握汽车商务人员的职业素养及能力要求。

◎ **案例导入**

学生王红、李明即将毕业参加工作，他们都选择进入中锐汽车销售公司工作。王红在销售部担任销售顾问，李明进入了售后部担任服务顾问。面对全新的环境和工作岗位，他们应该如何尽快适应新的工作环境，完成自己的工作呢？

◎ **学习方案**

调查、了解汽车销售顾问和汽车服务顾问的工作内容及要求。

拓 扑 图

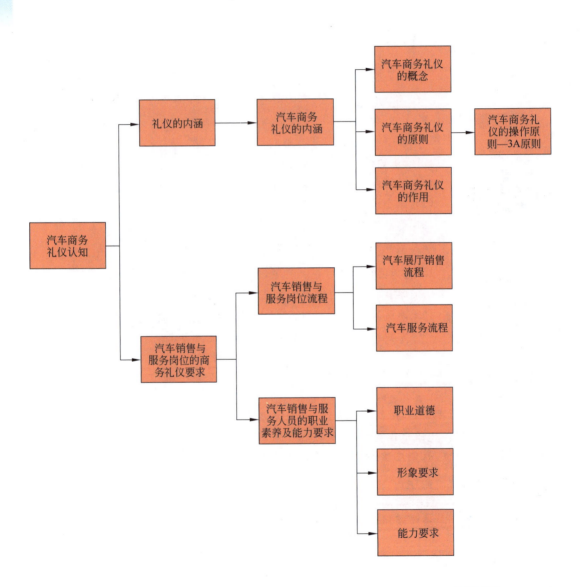

相关知识点

模块1　汽车商务礼仪认知

 1.1　礼仪的内涵

中国是一个历史悠久、文化底蕴深厚的国家,因而中国素有"礼仪之邦"的美誉。在数千年的发展中,中国形成了独特的民族习俗,代表着中华民族文明教化的水平,礼仪文化源远流长。

古代人们常常提到"礼俗"一词,实际上礼和俗是不同的。一般来说,礼通与贵族之中,即"礼不下庶人",庶人则只有俗,即所谓"民俗"。

民俗,即民间风俗,起源于人类社会群体生活的需求,在特定的民族、时代和地域中不断形成、扩大和演变,为民众的日常生活服务。由俗到礼是中国古代人文精神的直接体现,从周代实施的周公制和作乐开始,经过孔子、荀子的提倡和发挥,使"礼"形成一个博大的体系。人们一方面可以保留各地基本风俗,另一方面通过推行各种形式的礼来移风易俗。

"礼"字图

传统礼仪指一种悠久的文化传承,是通过文化上的传统接力过程一代代复制传继下来的社会生活方式、社会仪式观念、人文精神价值和道德行为准则。

时至今日,在人们的日常生活中,礼仪的应用十分广泛,礼仪的形式和内涵也在不断创新。现代社会的礼仪定义已经逐渐演化为人们的一种道德行为规范,是人们日常生活的态度,是待人处事的态度,也是人们素质涵养的体现。

在一般的表述之中,与"礼"相关的词最常见的有三个,即礼貌、礼节和礼仪。在大多数情况下,它们是被视为一体,混合使用的。其实,从内涵上看,它们既有区别,又有联系。

礼貌:是指在人际交往中,通过言语、动作向交往对象表示谦虚和恭敬。它侧重于表现人的品质与修养。如银行特别注重文明礼貌用语的运用。

礼节:是指人们在交际场合,相互表示尊重、友好的惯用形式。它是礼貌的具体表现形式。它与礼貌之间的关系是:没有礼节,就无所谓礼貌;有了礼貌,就必然需要具体的礼节。

礼仪:是对礼节、仪式的统称,是指人们在日常生活中,特别是在交际场合,为了互相尊重而在言谈举止等方面约定俗成的、共同认可的规范和程序。

1.2 汽车商务礼仪概述

1.2.1 汽车商务礼仪的内涵、原则、作用

1. 汽车商务礼仪的内涵

汽车商务礼仪是指在汽车公司的销售、售后等商务活动中应当遵循的礼仪规范和准则，是一般礼仪在汽车商务活动中的运用及体现。

汽车商务礼仪

汽车商务礼仪不仅展示了汽车销售人员、汽车服务人员的仪容、仪表、仪态，也是其个人内在素质、精神风貌的外在体现。同时汽车销售、服务人员作为汽车公司在商务场合中的代表，也展示了该公司的企业形象及企业文化。因此，汽车商务礼仪不仅是一名优秀的商务人员业务能力的亮点，是个人素质的体现，更能体现一个组织内在和外在的形象，成为一个企业形象的延伸，是提升企业核心竞争力重要因素。

2. 汽车商务礼仪的原则

在从事汽车商务活动，具体遵行商务礼仪时，应遵行以下基本原则。

（1）尊重原则。尊重是礼仪的情感基础，只有互相尊重，才能建立、维持和谐愉快的人际关系，才能给事业合作提供良好的基础。在汽车商务活动中，也是"客户是上帝"的具体体现。

（2）真诚原则。真诚是做人之本，也是商务人员的立业之道。从事汽车商务活动中，只有恪守真诚原则，表达与交往对象的尊敬与友好，才能更好地被对方所理解。只有着眼于将来，通过长期潜移默化地影响，才能获得最终的利益。

（3）宽容原则。宽容是一个人良好品德的外显，是心胸坦荡、豁达大度的表现。在汽

车商务活动中,出于各自的立场和礼仪,难免出现冲突和误解。遵循宽容原则,宽以待人,在人际纷争问题上保持豁达大度的品格或态度,才能正确对待和处理好关系与纷争,争取更长远的利益。

(4) 适度原则。在人际交往中,沟通和理解是建立良好人际关系的重要条件。人际交往中要注意各种不同情况下的社交距离,做到感情适度、谈吐适度、举止适度,掌握好社交中不同情况下交往准则和彼此间的感情尺度。

(5) 自律原则。汽车商务礼仪由对待人格的要求和对待他人的做法两部分组成。对待个人的要求即自律,是汽车商务礼仪的基础和出发点。要求汽车销售、服务人员的工作环境中自我要求、自我约束、自我控制、自我对照、自我反省。

3. 汽车商务礼仪的作用

(1) 沟通作用。礼仪行为是一种信息性很强的行为,每一种礼仪行为都表达一种或多种信心。在汽车商务场合中,只有交往双方按照礼仪要求,才能更有效地向交往对象表达自己的尊敬、敬佩、善意和友好,人际交往才能顺利进行和延续。

(2) 教育与维护作用。礼仪是人类社会进步的产物,是传统文化的重要组成部分。礼仪蕴含着丰富的文化涵养,体现着社会的要求与时代精神。礼仪对人们的行为有很强大的约束力,通过评价、劝阻、示范等教育形式纠正人们不正确的行为习惯,指导人们按礼仪规范的要求去协调关系,维护社会正常秩序。

(3) 塑造作用。礼仪重视内在美与外在美的统一。在美学方面指导人们不断充实和完善自我并潜移默化地熏陶人们的心灵,使得汽车销售、服务人员在内心里树立起职业道德信念和礼貌修养准则,不断约束自我。同时,对于企业而言,商务礼仪可以强化企业的道德要求,树立企业的良好形象。

1.2.2 汽车商务礼仪的操作原则——3A 原则

在汽车商务礼仪中的操作原则为"3A 原则",就是 3 个以 A 开头的英语单词:Accept、Attention、Admire。其中文意思为"接受服务对象""重视服务对象""赞美服务对象",即要求汽车销售与服务人员亲和、友善地为顾客提供服务。

第 1 个 A(Accept)是指接受服务对象。即要能够接受批评和反对自己的人。接受对方指在与他人交往的过程中,要有这样一个理念:客人永远是正确的。

第 2 个 A(Attention)是指重视服务对象。这里说的重视是欣赏,如接过名片一定要看,招待客人需使用"坐、请坐、请上坐",称呼他人需要使用尊称等。

第 3 个 A(Admire)是指赞美服务对象。赞美别人需要真心实意,发自内心,不是虚情假意、冷嘲热讽。赞美别人更不是无原则的赞美,赞美别人的优点是赞美,同时帮助别人修正错误更是变相的"赞美"。

汽车商务礼仪

1.3　汽车销售与服务岗位的商务礼仪要求

汽车销售顾问与汽车服务顾问是汽车企业形象的体现者,规范汽车销售与服务中的工作流程,提升销售人员的营销技能和服务人员的服务技能,将有助于汽车公司业务的达成。

1.3.1　汽车展厅销售流程与汽车服务流程

1. 汽车展厅销售流程

汽车销售是客户与汽车品牌接触的第一印象,清晰完善的销售流程将会对客户的购买决策及满意度有深刻的影响。以汽车4S店为例,常见的汽车销售服务流程如图1-1所示。

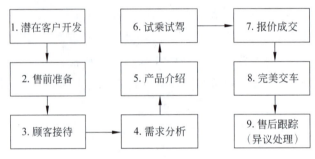

图1-1　汽车展厅销售流程

2. 汽车服务流程

汽车服务顾问是在汽车企业售后服务部从事客户车辆接待的服务人员。在服务的过程中为消费者解决问题,提供帮助或寻求适当的支援,提供信赖感。以汽车4S店为例,常见的汽车服务流程如图1-2所示。

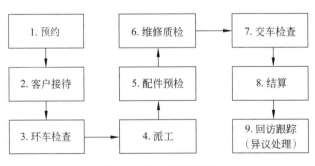

图1-2　汽车服务流程

1.3.2 汽车销售与服务人员的职业素养及能力要求

1. 职业道德

职业道德是指从事具体职业的人，在工作岗位上必须遵循的与职业活动紧密联系的行为准则。通过全体汽车公司员工的一言一行，传达出对于消费者的体贴、关心与敬意，反映出汽车公司积极进取的精神风貌。职业道德主要是指对汽车销售顾问、汽车服务顾问在思想品质、服务意识、职业修养等方面的规范化的要求。

1) 思想品质

汽车销售顾问、服务顾问要做好本职工作，就必须对自己有一定的规范化的要求。热爱祖国，热爱社会，热爱本职工作。在工作中处处高标准、严要求，爱岗敬业，忠于职守。

2) 服务意识

服务意识是指在工作中为服务对象进行服务时的具体表现。汽车销售顾问、服务顾问是服务型岗位，要真正发自内心地主动、积极、细致、周到、温馨地为消费者提供满意的服务。

3) 职业修养

职业修养是指汽车销售顾问、服务顾问在工作岗位上通过经年累月的锻炼，在思想上、业务上所达到一定的水准，由此养成的待人处事的基本态度。职业修养往往会直接影响到服务质量与工作态度。

2. 形象要求

良好的外在形象是尊重他人的表现，是专业性权威性的外在表现。作为一名汽车商务人员，端庄大方的仪容、干净整洁的仪表、从容得体的仪态不仅能够体现自身良好的修养和独到的品位，还能展示企业良好的精神风貌。

3. 能力要求

1) 知识储备

（1）个人素养的培养。

汽车商务人员需培养多种兴趣爱好，一方面更容易拉近与顾客的距离，另一方面有助于更好地了解和理解顾客的需求。在平时关心时事、了解时尚话题，注重知识的综合积累，这样在与顾客接触时就能够找到与顾客共同感兴趣的话题，如体育、旅游、财经、时尚、美容等，以便有针对性地与客户沟通。

（2）产品专业知识的累积。

掌握汽车的基本构造和原理，对所在公司品牌的历史、定位和市场表现有所了解，熟悉公司品牌下各款车型的特点和配备，掌握最新的车型信息和发展趋势，熟悉竞争对手品牌和产品等。只有具备汽车专业知识、计算机操作技能及其他相关方面的知识，才能在销售、服务的过程中更加专业地服务客户。

2) 沟通交往能力

一名合格的汽车商务人员须具备良好的沟通交往意识，在工作过程中与企业内部（部门与部门之间、上下级之间等）与企业外部（如客户、供应商、公司合作企业等）保持良好、顺畅的沟通。

红旗汽车

图片来源：红旗汽车官网

复习与思考

1. 判断题

（1）礼仪是指人们在日常生活中，特别是在社交场合中，为了互相尊重而在言谈举止等方面约定俗成的、共同认可的规范和程序。（ ）

（2）汽车商务礼仪中的自律原则体现在要求汽车销售、服务人员在工作环境中自我要求、自我约束、自我控制、自我对照、自我反省。（ ）

（3）汽车经销商服务流程包含潜在客户开发、售前准备、客户接待、需求分析、产品介绍、试乘试驾、报价成交、完美交车、异议处理九个环节。（ ）

2. 选择题

（1）在从事汽车商务活动，具体遵行汽车商务礼仪时，应遵行以下基本原则（   ）。

  A. 尊重原则 B. 真诚原则 C. 宽容原则 D. 适度原则

  E. 自律原则

（2）汽车商务人员的职业道德是指（   ）。

  A. 思想品质 B. 服务意识 C. 职业修养 D. 职业能力

3. 思考题

（1）礼貌、礼节、礼仪的区别是什么？

（2）汽车商务礼仪操作中的 3A 原则指的是什么？

（3）汽车展厅销售流程、汽车经销商服务流程是怎样的？

（4）汽车商务人员应具备什么样的职业能力？

模块 2

汽车商务职业形象设计

◎ 学习目标

1. 知识目标
（1）了解汽车商务职业形象设计的概念；
（2）熟悉汽车商务仪表礼仪；
（3）掌握汽车商务仪容礼仪；
（4）掌握汽车商务仪态礼仪。

2. 能力目标
（1）能根据自身条件和特点进行汽车商务职业形象设计；
（2）能打造职业妆容和发型；
（3）掌握职业装的穿着和搭配；
（4）掌握商务场合中的姿态、手势和表情的运用。

◎ 案例导入

在踏上新岗位之时，销售顾问王红、服务顾问李明即将迎来自己的第一次客户接待。在迎接客户前，他们应以怎样的形象和精神面貌来迎接客户呢？

◎ 学习方案

根据自身的条件和特点，打造汽车商务职业形象。

拓 扑 图

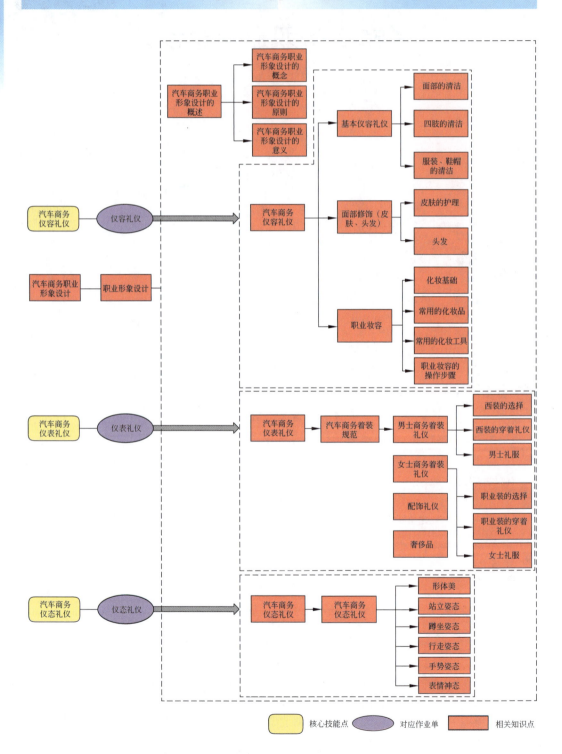

模块 2　汽车商务职业形象设计

2.1　职业形象设计概述

2.1.1　职业形象设计

形象设计,又称形象塑造,源于现代企业管理中的 CIS 概念,即企业视觉识别系统,由 VT(视觉识别系统)、BI(行为识别系统)和 MI(理念识别系统)构成,是一种由理论到外观再到行为的整体形象定位。

从广义上说,形象设计是人们在一定社会意识支配下进行的一种既富有特殊象征又别具艺术美感的艺术创作与实践活动。从狭义上说,形象设计特指人物造型艺术,是依据个人的个性、体型、脸型、肤色、年龄等自然要素,参照社会角色、生活方式等特点,借助化妆造型、服饰搭配、仪态指导等技术,进行内外完美结合的一种创造性思维和艺术实践活动。形象设计既是静态的设计,也是动态的设计。个人的个性、自然型、自然色、皮肤肌理、语言、声音、性格特征、社会角色、文化修养等自身要素是形象设计的基础。

2.1.2　汽车商务职业形象设计

1. 汽车商务职业形象设计的概念

汽车商务职业形象设计,即根据汽车商务职业形象的构成要素,围绕职业仪容、职业仪表、行为举止、职业身份、专业理念等内容进行的综合设计。职业形象设计是一个综合的概念,主要是根据从业者的行业性质、职业要求和个体特征,综合运用多种科学理论、方法和技术对职业形象的各方面、各要素进行开发、设计和管理并进行养成性训练的系统工程。

2. 汽车商务职业形象设计的原则

在汽车商务职业形象设计中,只有参照一定的设计原则,才能使设计工作更加符合美的标准,塑造职业形象。

1) 整体性设计原则

职业形象设计在制作设计方案时,要以设计对象内外素质协调一致及其长期发展为前提,使个人的气质、个性、行为与汽车展厅里的特征相融为一个整体。

如奥迪汽车选择橙色作为品牌代表色,在企业展厅设计、汽车商务人员的造型设计上均体现了这一元素,形成了个人与整体的协调一致。色彩能够表达出人们的信念、期望和对未来的愿景,人们会将色彩与生活中的某些事物或经验进行联系,产生不同的色彩心理联想。人们视觉所感知的一切色彩现象,都是由色相、纯度和明度三个色彩属性的总和效果所产生的。色相是指色彩所呈现出来的相貌特征,也是色彩的名称,如红、黄、蓝等。纯度是指色彩的鲜浊,又称为饱和度、纯净度。明度是色彩的明暗程度。色彩在色相、纯度、明度上的不同变化,经由视觉神经传入大脑后,会形成不同的个人色彩视觉心理反应,从而感受到色彩的冷暖、轻重等。如奥迪公司选择的橙色,可使客户感受到光明、华丽、丰硕、快乐。

因此进行个人职业形象设计时,应根据汽车商务人员自身的条件、气质,在整体设计上注意色彩的运用和搭配,可使汽车商务人员的整体造型更具有视觉吸引力,能快速、准确、生动地传达出职业信息。

2)适用性设计原则

形象设计既要有艺术性,又要有适用性。任何设计脱离了现实的使用,就一定是没有实际价值。在设计的过程中应注意比例尺度关系,注意各种设计要素之间的和谐运用与实施,根据汽车商务人员的不同特点,设计适用的职业形象设计方案。

3. 汽车商务职业形象设计的意义

1)满足个人的基本需求

根据心理学家马斯洛的需求层次理论,将人的需求划分了七个层,即生理需求、安全需求、交往需求、尊重需求、认知需求、审美需求和自我实现需求。人满足了下一阶层次的需求之后,会向上产生新的需求,因此需要不断努力发展,满足新的层次的需求。职业形象设计可以帮助个人完善自我认知,满足个人需求的不断实现。

2)帮助个人建立良好的人际关系

在人际交往过程中,人们总会自觉或不自觉地受到人际认知偏差的影响。形象影响了人们的人际认知水平,从而影响人际关系水平。因此,我们应塑造一个良好的形象,避免让别人产生不良的认知偏差,尤其是在汽车商务活动中,良好的职业形象可以帮助汽车商务人士在顾客心中建立起信任感。

3)塑造企业核心竞争力

企业的成败很大程度上取决于社会对企业的认同,而这种社会认同的取得与企业的整体形象包装是分不开的。每个人都有自己独特的人格和行为模式,这就是个性识别。企业也应通过企业由内而外、由个人至公司的整体形象设计,以统一协调的形象出现在世人面前,获得社会的认可。

2.2 汽车商务仪容设计

2.2.1 基本仪容礼仪

仪容是指一个人的容貌,包括头发、脸庞、耳朵、眼睛、鼻子、嘴巴等。仪容整洁反映了一个人的精神面貌和状态,因此,我们在商务场合中都应重视自己的基本仪容。基本仪容礼仪主要包含以下几个方面。

1. 面部的清洁

1)保持面部整洁

清洁面部,即清除脸上的污垢,保持干净、清爽,可以使用护肤品保持皮肤滋润。如有皮肤出现过敏、痘痘及炎症等情况,应及时处理。在冬季可使用唇膏防止嘴唇干裂。如女性有化妆,应注意是否有脱妆的情况,及时进行补妆。在补妆时应注意不要当众补妆。

模块 2　汽车商务职业形象设计

2) 口腔的清洁

保持口腔清洁,在日常生活中保持勤漱口的习惯,可以避免呼出的不良气味影响到其他人。在与客户进行交谈时,口气会影响到与客户的关系。如有口气,应用手加以掩盖,必要时使用口香糖以较少口腔异味。同时还应注意牙缝卫生,防止有异物夹塞在牙缝中,影响美观。

3) 胡须的清洁

按照我国当代风俗,男子不应该蓄须。因此每天应及时剃须,保持清洁。尤其是参加重大活动前,也应再刮一次。在剃须时,不能当众剃须。

2. 四肢的清洁

1) 手的清洁

手部的清洁可以反映出一个人的修养与卫生习惯。在汽车商务活动中,时常会需要用手给予顾客指引、向客户递取东西,因此应及时清洁双手,保持手部的干净、卫生;指甲应及时修剪整齐,指甲长度以不超过指尖为宜,也不能在公共场合修剪指甲。女士可涂肉色或淡粉色指甲油,不宜涂颜色鲜艳、夸张的指甲油,以免引起顾客反感。

2) 脚部的清洁

脚部的清洁、护理应注意常洗脚、常换袜子,尤其应注意袜子是否有破损的情况,及时更换。

3. 服装、鞋帽的清洁

在工作中,汽车商务人员应着工作服或西装,及时检查衣服领口、袖口是否有破损、开线、污渍,及时清洗熨烫,保持服装干净整理。皮鞋应经常打油,保持光亮,但不要在别人面前擦皮鞋。

2.2.2　面部修饰

1. 皮肤

1) 皮肤的生理结构与功能

(1) 皮肤生理结构。

皮肤指身体表面包在肌肉外面的组织,是人体最大的器官。皮肤覆盖全身,是人体抵御外部侵袭的第一道防线。皮肤由表皮、真皮和皮下组织三层组成,皮肤的附属器官有毛发、甲、皮脂腺、大汗腺(顶泌汗腺)、小汗腺等,并且有丰富的神经、血管、淋巴管及肌肉,如图 2-1 所示。

① 表皮。表皮是皮肤最外面的一层,其厚度因身体部位不同,根据细胞的不同发展阶段和形态特点,表皮由外向内可分为角质层、透明层、颗粒层、棘层、基底层共五层。

正常的皮肤会呈现出健康的色泽,皮肤的颜色又因种族、年龄、性别、部位的不同而异。正常肤色主要由三种色调构成:黑色、黄色和红色。其中,黑色体现为皮肤的明暗深浅,这是由表皮基底层的黑色素颗粒多少决定的;黄色体现为皮肤的纯度、色调,这取决于

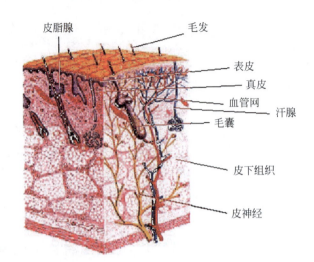

图 2-1 皮肤解剖结构示意图

角质层的厚薄及组织中胡萝卜素的含量;红色,其隐现与毛细血管分布的疏密及其血量有关。皮肤色泽的变化,取决于这三种色调的改变。

② 真皮。接近于表皮的为真皮浅层,其下称为网状层,又称真皮层。区分表皮和真皮能为保养皮肤提供一定的参考,例如青春期常见的青春痘,如果皮肤感染发生在表皮层,不会留下疤痕。如果感染到了真皮层,则会留下疤痕。

③ 皮下组织。皮下组织又称为皮下脂肪层,它与真皮之间无明显界限,深部与肌膜等组织相连。其厚薄依年龄、性别、部位及营养状况而异,并受内分泌调节。人体脂肪的过度沉积主要表现为皮下脂肪,可造成肥胖。皮下组织有防止散热、储备能量和抵御外来机械冲击的功能。

④ 附属器官。皮肤的附属器官有汗腺、皮脂腺、毛发、指甲等,这些附属器官起着排汗、润滑皮肤和毛发,防止皮肤干燥的作用,对人体的器官具有保护、感觉、绝缘、调节体温等功能。

⑤ 血管、淋巴管、神经和肌肉。血管给毛乳头、汗腺、神经和肌肉供给营养。淋巴管是辅助循环系统,可阻止微生物和异物的入侵。肌肉收缩牵引骨骼而产生关节和表情的运动。皮肤神经包括感觉神经与运动神经,感觉神经能感知温度、触压、痛觉等;运动神经中的颜面神经支配面部情肌,控制面部表情变化。

(2) 皮肤的生理功能。

皮肤保持着人体内环境的稳定,参与人体的新陈代谢,在生理上起着重要的功能。

① 保护功能。皮肤是机体与外界环境之间的屏障,皮肤能防止化学、微生物、紫外线、低压电流、机械的侵害,防止水分和电解质的丢失等。许多外来抗原通过皮肤进入机体,首先会在皮肤上产生免疫反应,如过敏、化脓等。

② 调节功能。当外界温度过高或人体发热时,通过神经反射使皮肤血管扩张,神经皮肤的血流量增加,促进散热;相反,外界温度过低或人体有冷感觉时,皮肤血管收缩,汗腺分泌减少,从而减少了体温的散失。

③ 代谢功能。皮肤表面细胞分裂与分化，毛发和指甲的生长、色素细胞的形成及汗液和皮脂的形成、分泌等，都要经过一系列的生化过程才能完成。皮肤中储藏着大量的水分和脂肪，还有糖、蛋白质、维生素等，这些物质都参与整个机体的代谢。所以当机体的代谢发生障碍时，可影响皮肤的正常代谢，导致某些皮肤疾病的发生。

④ 排泄功能。皮肤的分泌与排泄功能主要体现在排汗上。皮肤的分泌与排泄通过小汗腺、大汗腺、皮脂腺等来完成，小汗腺通过排汗可以散热降温，以维持正常体温；汗液与皮脂混合，形成皮脂膜，对皮肤有一定的保护作用；汗液使皮肤表面呈酸性，可抑制某些细菌的生长。

⑤ 感觉功能。皮肤有感觉神经和运动神经，它们的神经末梢和特殊感受器广泛地分布在表皮、真皮和皮下组织内，通过神经传导和大脑皮层分析，能接受外界刺激，如感知触觉、痛觉、冷热等。

2）皮肤的日常护理

（1）皮肤的类型及判断。

① 皮肤的类型。人体皮肤按皮脂腺的分泌情况、角质层含水量、角质层表面的 pH 值及皮肤特点大致可分为四种皮肤类型：干性皮肤、油性皮肤、中性皮肤、混合性皮肤和过敏性皮肤。

干性皮肤的特点为皮肤皮脂分泌量少而均匀，干性皮肤角质层含水量在 10％以下，皮肤干燥，无油腻和滋润感，纹理细，毛孔细小不明显，洗脸后有紧绷感，对外界刺激敏感，易出现皮肤皲裂、脱屑和皱纹。

油性皮肤的特点为皮肤皮脂分泌旺盛，皮肤外观油腻发亮，毛孔粗大，纹理粗，肤色往往较深，易黏附灰尘，容易产生粉刺、痤疮、脂溢性皮炎等。但油性皮肤弹性好，不易起皱，对外界刺激一般不敏感。

中性皮肤的特点为皮肤分泌量适中，皮肤表面纹理组织紧密平滑，表面光滑细嫩，不干燥，不油腻，毛孔中等大小，富有弹性，厚薄适中，有弹性，对外界刺激适宜性较强，不易患皮肤病。这类皮肤也被称为标准皮肤。

混合性皮肤是干性、中性或油性混合存在的一种皮肤类型，多表现为面中央部位（面颊、鼻部、鼻唇沟及下颌部），即面部 T 区呈油状，而双面颊、双颞部等表现为中性或干性皮肤。

② 皮肤类型的判断方法。皮肤类型的差异不仅存在于个体中，即使同一个个体，也会因工作压力、睡眠情况、年龄、季节、身体状况等诸多因素而导致差异。在做皮肤护理之前，应先确认自己的皮肤类型，根据不同的皮肤、特点类型采用不同的皮肤护理方案。皮肤类型判断测试方法见表 2-1。

（2）皮肤护理。

我们在出生时都拥有一张完美的皮肤，随着时间的推移，我们发现个体之间存在非常大的差异。符合美学标准的皮肤应是皮肤红润，透明度好，皮肤表面光滑富有弹性，色泽自然鲜明，皮肤纹理细腻，毛孔小，表面无污垢、斑点、赘生物等。皮肤所含水分、脂肪比例适中，神经末梢对外界刺激反应灵敏但不易过敏。通常情况下，人们常从肌肤的色泽、滋润度、细腻度和弹性程度作为衡量肌肤美的标准。

表 2-1 皮肤类型判断测试

判断问题		出现情况		皮肤类型
一天下来，皮肤在什么时候会开始出油？	问题1：睡觉醒来，皮肤出油多吗？	情况1	睡觉醒来，油比较多，满脸都是油	油性皮肤
		情况2	有些油，但不算很多	混合性皮肤、中性皮肤
		情况3	没什么油	干性皮肤
	问题2：是否容易脱妆？	情况1	大范围脱妆	油性皮肤
		情况2	午后脱妆，T区脱妆	混合性皮肤
		情况3	不太脱妆	干性皮肤、中性皮肤
	问题3：是否容易长痘痘？	情况1	容易长	油性、混合性皮肤
		情况2	很少或不长痘痘	干性皮肤、中性皮肤

在日常生活中，选择合适的护肤品进行皮肤养护，可以清除皮肤污垢，使皮肤得到营养补充，保持、增强皮肤的弹性和活力，避免不良环境的侵袭。

一般的皮肤清洁养护顺序见表2-2。

表 2-2 皮肤清洁养护顺序

序号	1	2	3	4	5	6
步骤	洁面	化妆水	精华液	眼部护理	乳液/面霜	防晒霜/隔离霜（白天）
						面膜（夜间）

常见的护肤用品及使用方法介绍如下。

① 洁面。人体的皮肤不停地分泌油脂和汗液，角质层在不断更新，再加上暴露于外界的皮肤容易粘附各种刺激物、粉尘、污垢等，容易引起毛孔堵塞，从而导致皮肤问题。因此皮肤的清洁非常重要。及时清洁皮肤可以促进血液循环，增进皮肤和身心健康。

在皮肤清洁时应注意根据自己的肤质选用不同的清洁产品，同时配合不同的洁面工具，如洁面海绵、洁面刷等。常见的洁面产品有卸妆油、卸妆液、卸妆乳、洁面乳、洁面皂等。如果面部带有彩妆，应先进行卸妆，之后再进行日常洁面。

卸妆油

图片来源：美宝莲品牌官网

洁面时可取适量洁面产品于掌心，将洁面产品揉搓出丰富的泡沫，以画圈的方式清洁依次清洁脸颊、额头、眼睛四周，以无名指围绕嘴巴四周做打圈按摩，用食指和无名指对鼻部两侧进行上下按摩。用温水将泡沫清洁干净。之后用毛巾将脸上的水轻轻按干。在清洁时动作应轻柔缓慢，不能大力揉搓，以免造成皱纹。

模块 2　汽车商务职业形象设计

洁面乳	洁面皂
图片来源：佰草集品牌官网	图片来源：倩碧品牌官网

②化妆水。化妆水可以帮助调节皮肤的 pH 值，帮助皮肤进行保湿、收缩毛孔，也具有二次清洁的作用。根据化妆水的功用可以细分为爽肤水、滋养水、收敛水等。

使用时将少许化妆水倒至掌心，轻轻拍打在脸上直至吸收。也可用化妆棉蘸取适量化妆水，沿面部肌肉走向进行擦拭。

③精华液。精华液含有微量元素、胶原蛋白、植物提取物等物质，一般是对于肌肤的个别问题进行修复，主要作用有防衰老、抗皱、保湿、美白、去斑等。根据不同的功效，可细分为抗皱精华液、保湿精华液、美白精华液等。

使用精华液应在擦拭完化妆水之后、在护肤霜之前，因为化妆水可以帮助精华液的吸收。使用时，将精华液均匀涂抹在皮肤上，轻轻拍打直至其吸收。

④眼部护理。眼部肌肤是人体最薄肌肤，同时又是活动最频繁的部位，而且还是化妆中拉扯皮肤次数最多的地方，非常容易长出皱纹，同时产生干纹、细纹、黑眼圈等。可以使用眼部护理产品进行护理。根据不同的功效可细分为眼霜、眼胶等。

化妆水	精华液	眼霜
图片来源：佰草集品牌官网	图片来源：佰草集品牌官网	图片来源：佰草集品牌官网

在使用时，取黄豆粒大小的眼霜，置于无名指间，轻轻点拍至眼周。

⑤乳液/面霜。乳液、面霜均具有滋润、营养肌肤的功能。乳液质地轻薄，触感清爽，含水量更高。面霜质量质地更为粘稠，锁水性更强。使用时，取 1 元硬币大小的量，均匀

涂抹至脸上。

⑥ 防晒霜/隔离霜。隔离霜、防晒霜的主要作用是对皮肤起保护作用,隔离彩妆、粉尘污染等对皮肤的伤害,相当于一层皮肤的保护膜,防止皮肤晒伤、晒黑,同时还可以起到修正、提亮肤色的作用。防晒霜可以细分为物理防晒和化学防晒两种。应根据不同的情况,选择不同防晒指数的防晒霜。

乳液
图片来源:佰草集品牌官网

面霜
图片来源:佰草集品牌官网

防晒霜
图片来源:佰草集品牌官网

⑦ 面膜。面膜是利用覆盖在脸部的短暂时间,暂时隔离外界的空气与污染,提高肌肤温度,加强皮肤毛孔的扩张,促进汗腺分泌与新陈代谢,使肌肤的含氧量上升,利于肌肤排除表皮细胞新陈代谢的产物和累积的油脂类物质,使面膜中的水分和营养物质渗入表皮的角质层,使皮肤变得柔软,肌肤自然光亮有弹性,是密集养护的一种方式。根据使用方法的不同,可细分为涂抹式面膜、片装面膜等。

隔离霜
图片来源:美宝莲品牌官网

片状面膜
图片来源:佰草集品牌官网

罐装面膜
图片来源:佰草集品牌官网

2. 头发

1) 头发的生理知识

人的毛发遍布除手掌、脚掌外的全身皮肤。毛发分为毛干、毛根两部分。主要成分为蛋白质。

头发有一定的生长期,生长到一定时期就会自然脱落。一个人一般情况下有85%的头发处于生长期,头发每天约长0.35mm。成年人的头发数量一般为10万~15万根,正常人每天脱发不超过100根。头发因遗传、个人身体状况等诸多因素,形成了多种分类,可分为硬发、细发、油发、天然卷发等。

2) 头发的日常护理

(1) 洗发。

洗发前,应轻轻将头发梳理整齐,将头发打结的部分解开。洗发时,选用中性洗发液,将洗发液倒于手掌心,由发尾清洁至头皮,用指腹轻轻按摩头皮,揉搓起丰富的泡沫清洁头皮。清洗干净后,可涂抹护发素对头发进行保养。洗头时可使用温水,不宜用过烫的水进行清洁。

(2) 头发的养护。

① 根据不同的发质,选用合适的洗护用品进行头发的清洁和保养。如头皮屑多者,可选用去屑洗发水。

② 经常按摩头皮,促进毛囊血液循环,防止脱发。

③ 不宜频繁进行烫染,以免损害发质。

(3) 发型。

漂亮的发型将会影响到自我形象给予他人的整体感觉。作为汽车商务人员,应及时打理自己的发型,塑造职业、干练、专业的形象。

① 美发工具及用品。

a. 电吹风。电吹风是进行头发造型的主要工具,可以制造出蓬松、饱满、富有动感的发型。

b. 梳子。梳子是头发修剪和造型的主要工具。

c. 发夹。发夹,是用来将头发进行固定的工具,可以根据用途的不同分成钢丝夹、开口夹等,用以固定碎发。在商务场合中,一般使用黑色发夹。

电吹风

图片来源:屈臣氏品牌官网

梳子

图片来源:屈臣氏品牌官网

发夹

图片来源:无印良品品牌官网

d. 发蜡。发蜡,用于对头发造型固定,也可用摩丝、发泥或啫喱水代替。

② 职业发型。恰到好处的发型可以烘托出人的外在形象美和个人气质美,塑造出优雅的气质。汽车商务人员在进行个人头发修饰时,应根据工作需要及个人的脸型、个性进行修饰和美化。

长尾发夹
图片来源：无印良品品牌官网

发蜡
图片来源：屈臣氏品牌官网

啫喱水
图片来源：屈臣氏品牌官网

男士汽车商务人员发型为短发，一般可选择平头或寸头，必要时可使用发蜡、啫喱水等进行造型。头发长度应做到头前的头发不遮盖眼部，即不允许留有长刘海。侧面看鬓角不长于耳朵底部，脑后的头发不宜长过衬衣领。

男士发型正面(1)
图片来源：海澜之家官网

男士发型正面(2)
图片来源：海澜之家官网

男士发型背面
图片来源：雅戈尔官网

女士汽车商务人员的发型有多种选择。可留短发，也可留长发。如为短发，应保持前发不遮挡眼部，从侧面看头发干净、利落。如为长发，一般可选择盘头或扎马尾的发型。发圈一般选用深色，如黑色或棕色。盘扎时应注意额前、脑后的碎发，可使用发夹进行固定。

女士盘发
图片来源：施华蔻品牌官网

女士马尾
图片来源：施华蔻品牌官网

女士短发
图片来源：施华蔻品牌官网

不论男士、女士，作为汽车商务人员，染发一般不宜染过于鲜艳的颜色。

2.2.3　职业妆容

化妆，是通过对美容用品的使用，来修饰自己的仪容，美化自我形象的行为。生活中的妆容应注意与自身的气质、年龄、职业、性格等相吻合，妆面自然真实、柔和协调，展现个人良好的精神风貌。在汽车商务活动中，良好的形象也体现了对顾客的尊重，宜采用清新、淡雅、自然的妆容。

1. 化妆基础

1) 脸型

容貌美的基础是看整个面部轮廓的形状如何，即脸型。人的脸型在整体形象中占据了重要的位置，它决定发型、服装的搭配等。脸的审美，主要是要脸部长度与五官位置的比例关系是否协调。

脸型的分类方法有很多，按照形态观察法，可以将脸型分为椭圆形、卵圆形、圆形、菱形等10种脸型。根据亚洲人的特点，可细分为三角形、卵圆形、圆形、方形、长形、杏仁形、菱形、长方形等8种脸型。

在生活中比较常见的有长形、圆形、方形、菱形、三角形、倒三角形等脸型。在众多脸型中，整体脸部长宽比例适中，从额部、面颊到下巴的线条柔和匀称呈弧面形，上部略圆，下部略尖，形如鹅蛋的椭圆形脸型是人们长期以来认为最理想、最标准的脸型。因此，在化妆时，理想的脸型宜保持其自然形状，非标准脸型应尽量修饰调整至标准脸型为宜。

2) 面部比例及结构

人的容貌各有千秋，但头面部的比例是有共性和规律的。五官的分布和比例会影响面部整体的美感。

（1）面部轮廓。如果将人的头部立体看成一个存在于空间的长方体，而面部只是其中的一个面，由两侧眉峰作为垂直线，称为轮廓线。面部轮廓可分为内部轮廓和外部轮廓。在脸的正面用手可以触摸的范围为内轮廓，从内轮廓到脸侧边缘线之间的面积叫外轮廓。

脸型

图片来源：羽西品牌官网

（2）五官。五官分布是以"三庭五眼"为修饰标准的，如图 2-2 所示。三庭是指将脸的长度，平均分成 3 等份，从前额发迹至眉骨，从眉骨至鼻底，从鼻底至下颏，各占脸长 1/3；五眼是指以眼睛长度为单位，将脸的宽度划分为 5 等份。从左侧发迹至右侧发迹，为 5 只眼睛的宽度。现实生活中，大部分人的五官分布都不标准，需要借助运用合适的化妆品和工具进行适当的调整。

人体的五官分布还应符合以下规律。

① 眉毛：眉毛由眉头、眉峰、眉梢组成。眉峰在眉毛的后 1/3 处，眉头与眉梢在同一条直线上。

图 2-2　五官分布比例示意图

图片来源：美宝莲品牌官网

② 眉头、内眼角、鼻翼的起点在一条直线上。

（3）肤色。在人体色中，因红色素、黄色素、黑色素的差异，形成了不同的肤色、发色、瞳孔色、唇色等。其中皮肤呈现的颜色会因种族、个体及分布部位的不同而有所差异。个体间又因性别、生活方式等不同而有所差别。东方人的肤色在整体倾向黄色调的前提下，大致可分为偏白肤色、偏红肤色、偏黄肤色、偏黑肤色。皮肤色彩的准确定位，能准确地指导化妆用色、头发色彩等。因此，在化妆前，应仔细观察脸颊、额部、颈部的自然肤色，选择合适的妆色。

2. 常用的化妆品

（1）隔离霜。隔离霜可以防止紫外线、尘埃等对皮肤的侵害，是保护化妆、保护皮肤的重要步骤。不同的肤色需要使用不同颜色的隔离霜。如绿色的隔离霜适合偏红肤色的肌肤，紫色隔离霜适合偏黄肤色的肌肤。目前常见的隔离霜类型有妆前乳、BB霜等。

（2）粉底。粉底适用于化妆打底，修饰肌肤，其作用是调整肤色、改善面部质感、遮盖瑕疵等。粉底的主要成分是油脂、水和色粉，由于成色和添加色的不同，形成了很多种类的粉底。

根据粉底形态的不同，可分为粉饼、粉底液、粉底霜、粉底膏、BB霜等。粉饼的主要成分是水和色粉，含少量油脂，呈粉状，多配有专用化妆海绵。粉饼使用简单，方便携带，多用于定妆或补妆，目前常见的干粉饼和干湿两用粉饼两种。粉底液含水量高，容易涂抹，妆感自然，但遮瑕力相对较弱。粉底膏油脂含量高，有较强的遮盖力和附着力。在使用时，应选择与自己肤色相近的粉底。

（3）定妆粉。定妆粉，又叫蜜粉，可有效吸收面部多余油脂，减少面部油光，令妆容柔和、自然、持久、干净，适用于日常生活妆。常见的定妆粉有蜜粉、散粉等。在选择蜜粉时应注意观察粉质的细腻程度、顺滑程度，最好选择与肤色接近的蜜粉。

模块2 汽车商务职业形象设计

粉底液
图片来源：美宝莲品牌官网

粉底霜
图片来源：美宝莲品牌官网

粉饼
图片来源：美宝莲品牌官网

（4）眼影。眼影用于对眼部周围的修饰，以色与影使之具有立体感和时尚感。

眼影根据形态的不同可分为眼影粉、眼影液、眼影膏等。粉状眼影色彩丰富，上妆容易，便于日常使用。液状眼影适合油性皮肤使用，易干，易于附着。膏状眼影色彩浓度高，色泽鲜艳，妆感较强。日常生活中，眼影粉比较常用。应根据实际需求，选择合适质地、颜色的眼影。

散粉
图片来源：迪奥品牌官网

眼影膏
图片来源：美宝莲品牌官网

眼影粉
图片来源：迪奥品牌官网

（5）眼线笔/眼线膏。眼线笔、眼线膏用于眼线加深和突出眼部线条，使眼睛看上去大而有神。眼线笔效果自然柔和，操作简便，易于描绘，但防水性能较差。眼线膏上色效果较好，但使用时不易于控制；眼线液上色效果好，线条清晰。眼线笔、眼线膏、眼线液以黑色、棕色为主。颜色的选择取决于发色及瞳孔的颜色。在选择时，应综合眉色、睫毛色、瞳孔色进行选择。

眼线笔
图片来源：美宝莲品牌官网

眼线膏
图片来源：芭比波朗品牌官网

（6）睫毛膏。睫毛膏用于涂抹睫毛，目的在于使睫毛浓密、纤长、卷翘，加深睫毛的颜色。常见的睫毛膏根据功能的不同可以分为纤长性睫毛膏和浓密型睫毛膏。

（7）眉笔/眉粉。眉笔、眉粉均用于修饰眉毛的形状、颜色，增强眉毛立体感和生动感。色彩分为咖啡色、深咖啡色、黑色、灰色等。一般可根据选择与发色接近的颜色会比较自然。

睫毛膏

图片来源：美宝莲品牌官网

眉笔

图片来源：美宝莲品牌官网

眉粉

图片来源：美宝莲品牌官网

（8）腮红。腮红，又称为胭脂。蕴含天然矿物粉，粉质轻盈，颜色柔和，可以帮助肌肤呈现自然、健康、靓丽的色泽，同时也具有修饰脸型、突出轮廓的作用。腮红根据质地的不同可分为粉状、膏状、液体状等。粉状腮红质地轻薄，便于操作。膏状腮红附着力较强，适合干性肌肤。液体状腮红质感薄，快干，适合皮肤偏油者。

（9）修容粉。修容粉的主要目的是修饰脸部轮廓，用粉刷扫在脸部凹陷部位，造成阴影，使五官更具有立体感。一般修容粉以棕色、咖啡色为主。

腮红

图片来源：迪奥品牌官网

（10）唇膏/唇彩。唇膏、唇彩，涂于唇部，可修饰唇部造型，改变唇色，润泽唇部。可根据不同的场合选择不同颜色、形态的唇膏。

修容粉

图片来源：芭比波朗品牌官网

唇膏

图片来源：芭比波朗品牌官网

唇彩

图片来源：芭比波朗品牌官网

3. 常用化妆工具

1）化妆海绵、粉扑

化妆海绵的作用是涂抹粉底，可使粉底涂抹均匀，并与皮肤贴合紧密。化妆海绵质地柔软细密，有弹性，密度大，形状大小多样，可依据不同的需求进行选择。

化妆粉扑用于涂抹定妆蜜粉，棉质的材质较多。

化妆海绵

图片来源：丝芙兰品牌官网

化妆粉扑

图片来源：芭比波朗品牌官网

2）修眉工具

眉刀、眉钳、眉剪适用于修剪眉毛的形状和长度。眉剪在使用时应先用眉梳将眉毛按生长方向梳理整齐，再用眉剪将多余的眉毛剪掉。

3）睫毛工具

（1）睫毛夹。睫毛夹是使睫毛卷曲上翘的工具。选择时应注意弹簧的性能、橡胶垫的软硬。在使用时，睫毛夹的施力大小会形成不同的卷度。选择时应注意选择与眼睑凹凸和幅度合适的睫毛夹。

（2）假睫毛。假睫毛可增加睫毛长度和密度，多适用于舞台，营造夸张的妆感。一般需用专业的睫毛胶水将假睫毛粘贴至睫毛根部。

眉钳

图片来源：丝芙兰品牌官网

睫毛夹

图片来源：丝芙兰品牌官网

假睫毛

图片来源：植村秀品牌官网

（3）双眼皮贴。双眼皮贴，又称为美目贴，是塑造理想眼睑、矫正眼形的化妆工具。材质有多种，如塑料、纸质、胶布等。使用时，可根据眼睑长度，剪出合适的弯月形，贴于双眼皮褶皱处。

4）化妆刷

（1）粉刷。外形饱满、蓬松，用于定妆时蘸取蜜粉或散粉，或扫去多余散粉及掉落的眼影粉。

(2)腮红刷。刷粉状腮红时使用。

(3)修容刷。主要用于阴影色或提亮色的刷饰,用于调整脸型、面部立体感。

粉刷
图片来源:植村秀品牌官网

腮红刷
图片来源:植村秀品牌官网

修容刷
图片来源:植村秀品牌官网

(4)眼影刷。用于眼影的涂抹和晕染。

(5)眼线刷。一般配合眼线膏一起使用。

(6)眉刷。用于描绘眉形,填充眉色。

眼影刷
图片来源:植村秀品牌官网

眼线刷
图片来源:波比布朗品牌官网

眉刷
图片来源:植村秀品牌官网

(7)睫毛梳。用于将睫毛梳理整齐。

(8)唇刷。用于涂抹口红,使唇部轮廓清晰,唇色均匀。

睫毛梳
图片来源:植村秀品牌官网

唇刷
图片来源:植村秀品牌官网

5）辅助工具

（1）化妆棉。棉片质地柔软,可用于卸妆和护肤。

（2）棉签。主要用于修正妆面细节。

（3）睫毛粘合剂。用于粘贴假睫毛。

化妆棉
图片来源：丝芙兰品牌官网

棉签
图片来源：无印良品品牌官网

睫毛粘合剂
图片来源：丝芙兰品牌官网

4. 化妆的步骤

脸部化妆,一方面要强调面部五官的特点,另一方面也要弥补不足的部分。在工作场合中的妆容,强调自然、干净、清爽,给人以大方、清新的感觉。化妆时,化妆步骤和技巧将直接影响妆容的效果。

1）底妆

底妆即通过粉底液改善、调整肤色。选择与自己肤色相近的粉底液,取1元硬币大小的量于掌心,用手指轻压点涂的方式均匀涂抹脸部。涂抹时应注意顺应面部肌肉走向进行,脸颊内侧从内眼角朝下正下方至鼻翼旁横向涂抹。眼睑周围用点压的方式由眼头到眼尾、从内侧向外侧涂抹。面部T区从眉间至鼻梁由上往下进行涂抹。额头处由额头中间向两侧太阳穴左右两侧抹开。

涂抹的范围应覆盖脸部四周,包括发际线、上下眼睑、唇部四周、鼻下方、下巴等细节部位等。涂抹粉底的方法有多种：可用手掌和指腹轻轻推开粉底,再用轻拍的方式涂抹均匀;利用手的温度可使底妆涂抹均匀细致,更加贴合皮肤;也可使用化妆海绵,蘸取少量粉底液,用按压的方式上底妆。使用化妆海绵,可使底妆更加均匀。

底妆
图片来源：芭比波朗品牌官网

2）定妆

上好粉底之后,应及时用蜜粉刷蘸上蜜粉或散粉,轻轻扫至全脸,进行定妆。也可以使用粉扑用按压的方式进行定妆。蜜粉的渗入,可以使敷好的粉底固定,吸附油脂,使妆面自然、持久、服贴。

3）眼影

眼睛根据不同的形态可分为丹凤眼、杏眼、三角眼等，根据不同的眼形，在描绘眼影时应采用不同的涂抹方法。涂抹时，用大号眼影刷蘸取一款适合肤色的浅色眼影，均匀轻扫在睫毛根部至眉骨之间的整个眼睑，然后用小号眼影刷选择中间色略深的眼影，扫在眼皮褶皱或眼睑靠紧睫毛根部的位置。

定妆

图片来源：芭比波朗品牌官网

眼影

图片来源：芭比波朗品牌官网

在职业场合中，宜使用大地色系的眼影。

4）眼线

可使用眼线笔进行眼线的描绘。眼线应画在睫毛根处，长度比眼梢略长。线条流畅，呈弧线形，与眉眼协调一致。眼线的描绘要格外细致，因为眼球周围的皮肤非常敏感，稍有不慎会容易刺激眼睛流泪，从而破坏妆容。

5）睫毛

使用睫毛膏前，用睫毛夹贴合睫毛根，在睫毛的根部、中间、顶端分三次夹翘睫毛。睫毛膏可根据需要多次涂刷。涂刷时，将刷头呈水平从睫毛根部Z字往上转动刷至睫毛顶端，使睫毛不结块，根根分明。

眼线

图片来源：芭比波朗品牌官网

睫毛

图片来源：芭比波朗品牌官网

模块2 汽车商务职业形象设计

6）眉毛

眉毛的形状、粗细、长短，对人整个面部的神态表情，起着重要的作用。同时，眉形的变化可以起到调整脸型的作用。眉毛由眉头、眉峰和眉梢组成，眉头与内眼角的连线应为一条垂直线，眉毛的最高点眉峰在眉长的2/3处。眉毛从眉头、眉峰到眉尾的线条应清晰、流畅。常见的眉形有自然眉、一字眉、柳叶眉、挑眉、刀眉等。不同的脸型适合搭配不同的眉形，如方型脸比较适合弧形眉，长脸型比较适合一字眉。

在画眉时，先使用眉笔勾勒出眉形，从眉峰内侧开始顺着眉毛生长方向扫上眉粉，用眉刷顺着眉毛生长的方向轻轻扫匀，使眉毛更服贴、立体。想要自然的眉妆效果，颜色可以选择接近发色的颜色。

眉毛

图片来源：芭比波朗品牌官网

7）腮红

面颊位于面部左右两侧，上起颧凸、眶下、下至下颌角，是骨骼起伏交错的部位。脸颊的美主要表现为精致的柔和美。用腮红刷蘸取适量腮红，在两颊苹果肌上、前额、鼻尖、下巴轻扫晕染自然色系腮红。

8）唇妆

理想的唇形为上唇较下唇稍薄，呈弓形，下唇略厚。大小与脸型适宜。在涂抹唇膏前，可使用唇线笔描绘勾勒唇形，方便唇膏着色。涂抹唇膏时，应使用唇刷蘸取唇膏，沿唇形均匀涂抹。唇膏的颜色应选用与自然唇色接近或稍深的色彩为宜。

腮红

图片来源：芭比波朗品牌官网

唇妆

图片来源：芭比波朗品牌官网

2.3 汽车商务仪表礼仪

2.3.1 汽车商务着装规范

现在人们对于着装的要求，着重于合身、得体、舒适、美观、大方，讲究适合自己的身份、年龄、性格和场合。在商务场合中，得体的穿着是一种礼貌，体现一个人的文化修养和审美情趣，同时也体现了公司的企业文化、品牌文化。在大部分与汽车相关的企业中，要求员工着工作服，这体现了企业良好的工作作风和精神风貌。

汽车商务职业着装

图片来源：乔治白品牌官网

1. 整洁原则

在职场中，清爽自然、简洁精致的着装可以体现自身的职业素养，也能让周围的人感到愉悦。西装上的污渍、皱巴巴的衬衫、弄脏了的皮鞋，是对自己的不尊重，也是对他人的不尊重。因此在生活中，应勤洗澡，勤更衣。穿衣服前，先检查衣服是否有气味，做到经常换洗衣物，包括背心、内衣等。在日常生活中，及时用手将外衣稍加整理，养成随时整理衣着的习惯，以免产生过多褶皱。衣物出现褶皱，应及时熨烫，保持服装整洁、干净。

2. TOP-R 原则

TPO-R 原则是世界通行的着装打扮的最基本的原则。TPO-R 为英文单词 Time、Place、Occasion、Rule 的首字母缩写，分别代表时间、地点、场合、角色。它要求着装要与时间、季节相吻合，符合时令；要与所处场合环境、地域、民族的不同习俗相吻合；要符合着装人的身份、角色等。

3. 三一原则

三一原则是特指在男士商务着装中，男士使用的皮带、皮鞋及公文包应保持同一种颜色，形成协调、统一性，凸显商务男士的气质。

2.3.2　男士商务着装礼仪

男士商务着装中最重要的部分是商务西服套装，即西装。在西方国家，西装是男士的传统着装，对于面料、剪裁、着装礼仪非常讲究。在大部分与汽车相关的企业中，选择西装作为男士的职业着装。商务男士要想突出西装着装的规范性，还应注意西装和其他衣饰的搭配，如衬衫、领带、腰带、袜子和皮鞋等。

1. 西装的选择

1) 版型

西装的版型是指西装的外观轮廓,相当于西装的骨架。选择合适版型的西装,可以使西装更加合身,为身材加分。根据地域和身体特点的不同,西装可分为美国版、欧版、日版、韩版等不同版型的西装。美版西装,即美国版西装,廓型较为宽松,大多数为休闲风格。欧版西装是适应欧洲男人较为高大魁梧的身型,设计的倒梯形轮廓的西装。日版西装,多为单排扣式,衣后不开衩,较适合亚洲男人身型。韩版西装是针对亚洲人偏瘦小的特点,在肩、腰、袖等多处进行了改良,是更加贴近亚洲人特点的西装。

2) 款式

西装的款式根据衣领的类型可以分为枪驳领西装和平驳领西装;根据纽扣的排列和数量可以分为单排扣西装和双排扣西装。其中单排扣西装可细分为单粒扣、两粒扣、三粒扣;双排扣可细分为四粒扣、六粒扣。

男士西装

图片来源:芊翔品牌官网

单排扣西装

图片来源:MAYOR品牌官网

双排扣西装

图片来源:芊翔品牌官网

3) 颜色

通常,深色系列的西装,如藏青色、灰色、黑色是职业着装的选择。藏青色西装适用于正式商务场合,黑色西装更适合于晚宴或聚会。

4) 面料

西装一般采用纯毛面料,或含毛比例较高的混纺面料,可以较好地保持西装外形的挺括。

不同的西装颜色

图片来源：雅戈尔品牌官网

羊毛面料西装

图片来源：MAYOR品牌官网

羊绒面料西装

图片来源：MAYOR品牌官网

2. 西装的穿着礼仪

穿西装时，符合穿着规范，才能显得潇洒、精神、有风度。

1）西装上衣

在选择西装时，应进行试穿，选择合身且舒适的西装。试穿时，应将西服的扣子全部扣上，将手臂抬起、放下、弯曲手肘等，看肩膀、背部等位置是否合适，是否会出现皱褶或紧绷的感觉，胸围以穿一件羊毛衫后松紧适中为宜。衣长应在手臂下垂时，衣服下沿与手指虎口处齐平，袖长到手腕为宜。

西装的纽扣是区分版型、款式的重要标志。在着装中，能否正确地系好西装纽扣，反映了西装着装礼仪的规范。在单排扣西装中：单粒扣西装，可扣可不扣；两粒扣西装，扣上面一粒或上面两粒，表示尊重；三粒扣，扣上面两粒，表示尊重。不要扣最下面的那粒纽扣。

西装上衣上有一些口袋,分别起着不同的作用。西装上衣外侧下方的两只口袋和上衣的左侧外胸袋是起装饰作用的,可在左侧胸袋插入起装饰作用的真丝手帕。下方的两只口袋不宜放置物品。

2)西装裤子

西装的裤子应与上衣的颜色、质地等相协调。裤子的长度应刚好到鞋跟与鞋帮的接缝处,裤管中折线笔直、自然垂落鞋面。合适的西裤宽度,即西裤腰围,是在自然呼吸的情况下,穿好裤子后,不松不紧地正好容纳一只平伸的手掌的厚度。

西裤

图片来源:金利来品牌官网

3)衬衫

商务男士在着西装时,一般在西装里搭配衬衫。

(1)衬衫的选择。在商务场合中,白色衬衫是最佳选择,可以搭配任何颜色的西装和任何花色的领带。衬衫的颜色、图案有多种,除白色衬衫外,淡蓝色亦可考虑,是搭配蓝色系西装的稳妥选择。比较适合于商务场合的图案可以选择简单条纹,如白底深色条纹。格子衬衫、多色条纹衬衫及其他提花图案的衬衫等适用于休闲场合。

单色衬衣

图片来源:雅戈尔品牌官网

条纹衬衣

图片来源:雅戈尔品牌官网

在正式的商务场合中不宜穿短袖衬衫。

（2）衬衫的穿着。通常在衬衫的领口标有尺寸标识，应根据自己的身型选择合适尺码的衬衫，穿着合身，不要太短小紧身，也不要过分肥大、松垮。衬衫衣领以扣上扣子后，高出西装衣领0.5~1厘米，衣领大小以能正好插下两根手指为宜。衬衫腰身四周平整，足够宽松，可以正常起立或下蹲无拉扯感。衬衫的下摆留有足够的长度，均匀掖到裤腰里，以保证在正常活动时，衬衫不会从裤子里被拽出来。衬衫袖长要适中，比较合适的长度是手臂伸直下垂时，衬衫袖口在手掌根部，露出西装上衣袖1厘米左右。

 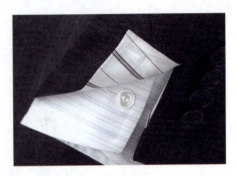

衬衫的穿着

图片来源：雅戈尔品牌官网

在穿着衬衫时，可在衬衫内搭配白色背心，以U领或V领为宜。内里搭配不宜穿影响人体正常线条的衣服，如棉毛衣，毛衣等。

4）领带

领带是与西装搭配不可或缺的装饰物，往往能左右周围人对你的身份、个性、修养等多方面的评价。

领带

图片来源：雅戈尔品牌官网

(1) 领带的选择。

① 款式。在正式场合中，不宜使用带有拉链的"一拉得"式的领带。领带的款式区别有两点：一是有箭头与平头之分，一般认为，下端为箭头的领带，比较传统、正式。二是领带的宽度。在选择时，应根据自己的身体宽度选择合适的领带。

② 面料。领带的面料有多种，高档领带多以真丝、羊毛制成。也有使用皮、革、珍珠等多种材料制成的装饰性领带，不宜在正式场合中使用。

③ 颜色和图案。在商务场合中单色领带是最常见，也最实用的，如蓝色、灰色等。图案可选择斜条纹、圆点等几何形状为主要图案的领带。在正式场合中不宜选择印有人物、动物、景观、徽记、文字等图案的领带。

单色领带

图片来源：金利来品牌官网

条纹图案领带

图片来源：金利来品牌官网

圆点图案领带

图片来源：金利来品牌官网

(2) 领带的搭配。

① 领带结的系法。领带系得是否漂亮，取决于领带结扎得是否好看。领带结的基本要求是端正、挺括，外观上呈倒三角形。领结大小与所穿的衬衫领子的大小成正比。

领带的系法有多种，常见的有平结、温莎结等。其中温莎结的领结饱满、厚重，多适用于正式场合，如图2-3和图2-4所示。

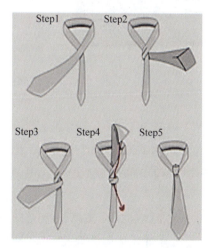

图2-3　领带的平结系法

图片来源：金利来品牌官网

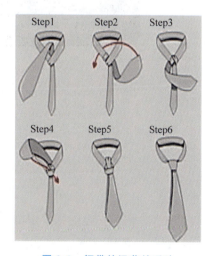

图2-4　领带的温莎结系法

图片来源：金利来品牌官网

②领带的整理。领带的长度一般不宜过长,系好后,领带外侧应长于内侧,下端的箭头正好抵达皮带扣的位置为宜。

穿西装上衣与衬衣时,应将领带放在两者之间,自然下垂。如在西装上衣与衬衣之间加穿西装背心或羊绒衫,应将领带置于西装背心、羊绒衫与衬衣之间。

为了减少领带在行动的过程中带来不便,可以使用领带夹。领带夹可夹在衬衫自上而下的第四粒至第五粒纽扣之间。

5)其他配饰

(1)皮带。搭配正装的皮带颜色应选择与西装、皮鞋的颜色相配,以棕色、黑色为主,材质以真皮材质为主。皮带扣的金属颜色可以是金色或银色。在腰带上挂钥匙、手机等是有失礼仪的行为。

皮带

图片来源:金利来品牌官网

(2)皮包。在商务场合中,男士经常会需要使用不同的包。一款好的男士包应注重品质,选择皮料,在颜色上多以黑色、棕色为主。

皮包

图片来源:金利来品牌官网

(3)皮鞋。作为商务男士来说,样式大方、精心养护的鞋可以传达你的职业形象和对细节的关注度。与西装搭配的正式皮鞋可选深色、单色的拼接款系带真皮皮鞋。磨砂皮鞋、翻皮皮鞋等属于休闲皮鞋,不适宜与正装搭配。皮鞋穿着时要勤换、勤晾,及时上油进行保养,注意皮鞋外部、内部的清洁。

(4)袜子。搭配正装的袜子应与所穿的西装裤子搭配协调,可选深色无图案的袜子,如藏青色、黑色、褐色、深灰色等,白色袜子一般选择搭配休闲装和便鞋,在正式场合中不宜穿白袜子。材质可选棉加弹性纤维。在穿着时,要求干净、整洁、完整、合脚。如有破损,应及时更换。袜子的长度到小腿下为宜,这样可以避免落座时露出腿上的皮肤。

皮鞋

图片来源：金利来品牌官网

袜子

图片来源：恒源祥品牌官网

（5）围巾。围巾是商务男士在秋冬季节不可或缺的物品。常见的男士围巾多以格子、条纹等几何图案为主，颜色为藏青、黑色、棕色等低调的净色，材质可选择羊毛、羊绒等材质。

3. 礼服

在出席公司客户答谢会、晚会等正式场合时，男士应着正式的宴会礼服出席。男士礼服可分为晨礼服、燕尾服等。

男士晨礼服是白天穿着的正式礼服。正式的穿法为外套、衬衫、长裤，搭配背心、领结。

男士晚礼服是男士出席晚上的正式场合时穿着的服装，根据款式的不同可分为燕尾服、塔士多礼服和西装礼服。在出席重大典礼、婚礼时可选择燕尾服。燕尾服的基本款式为前身短、西装领造型、后身长、后衣片成燕尾形有两片开衩，颜色多为黑色或深蓝色。在与燕尾服进行搭配时，一般选择白色领结。塔士多礼服是代替燕尾服的无燕尾礼服，是目

围巾

图片来源：恒源祥品牌官网

男士晨礼服

图片来源：芊翔品牌官网

前使用频率较高的礼服类型,一般适用于出席正式的宴会、舞会、颁奖典礼、鸡尾酒会等。搭配时,一般配黑色真丝领结。西装礼服是将西装的枪驳领用缎面制成,再搭配领结和腰封或背心。出席一般商务晚宴时可选择西装礼服。

男士燕尾服

图片来源:芊翔品牌官网

男士晚宴西装

图片来源:芊翔品牌官网

2.3.3 女士商务着装礼仪

随着潮流的发展,女性的职业装选择繁多,既彰显个性,表现出自己的风格,也可显示出庄重、职业的气质和风度。

1. 职业装的选择

1)西装套裙

西装套裙是职业女性的标准着装,可塑造出端庄、干练的形象。西装套裙仿效男士的西装上衣与同色同料的裙子相配,形成衣裙配套,后进一步演变成衣裤配套。西装套裙分两种:一种是成套的,即上衣和裙子同色同质地;一种是不成套的,即上衣和裙子的颜色、质地不同。

(1)款式。在选择西装套裙时,可依据自己的体型选择不同廓型的西装套裙。常见的西装套裙廓型有:紧身上衣宽松裙子的 A 型套裙;宽松上衣紧身裙子的 Y 型套装;紧身上衣紧身裙子的 H 型套裙等。

在穿着时应注意腰身是否合适,既不紧包身体也不松懈起褶。西装上衣最短可齐腰,裙子最长可至小腿肚,职业裙装的长度至少应长及膝盖。

(2)颜色。西装套裙的最佳颜色是黑色、藏青色、灰褐色等,如有暗格、条纹也可作为选择。但是卡通、花草等图片不宜出现在正式商务场合的套装中。

女士职业装——西装套裙
图片来源：乔治白品牌官网

（3）面料。西装套裙的面料可选择质地和垂感好的面料，如呢料、混纺面料等。手感柔软，外观平整均匀，不易起皱。皮裙、灯芯绒、丝绒等面料的裙子不适宜正式场合。

2）职业便装

职业便装的款式和形式变化多样，可以和套裙、连衣裙、长裤等进行组合搭配，呈现多样化的女性商务便装造型。其造型风格基本一致，配色协调，给人以和谐、统一的美感。

职业便装的外套可选藏青色、灰色、米色等纯色，给人以稳重、职业化的印象。内里可搭配裙装或一件式连衣裙。一般常见的职业裙款式以铅笔裙、直筒裙和 A 字裙为主。随着时代的发展，女士西装也可配套长裤穿着。裤装可以使职场女性显得更加干练，款式的选择以简洁、大方为主。在严肃的商务场合中，一般穿裙装会更加正式。

女士职业便装
图片来源：乔治白品牌官网

2. 职业装的穿着礼仪

1）衬衫

在女性商务着装中,衬衫是必不可少的。女性衬衫在款式和面料上比男士衬衫有更多的选择,选择时应注意选择做工精良、触感柔软、款式简洁的衬衫,应特别注意衬衣的质地应不透不露。同时内衣的选择上以裸色或浅色为主,避免因衬衣质地较薄,透露出内衣的尴尬情况。颜色和图案上可选择浅色、单色或条纹的衬衫,与所穿的套裙的色彩互相般配为宜。

女士衬衫

图片来源:乔治白品牌官网

衬衫在穿着时,应将下摆掖入裙腰内,不能将其悬垂于外。搭配套裙的衬衫不宜单独外穿。

2）皮鞋

作为职场女性,鞋子虽小,却对整体形象有着非常大的影响。职业着装中,应选择传统的细高跟包头皮鞋为主,即没有包裹住脚踝的鞋带或装饰,露出脚背的女士皮鞋。材料以牛皮、羊皮为主,鞋跟高 3～5 厘米,方便日常行走、活动。颜色应与衣物颜色搭配得当,以深色为主。在日常穿着中,应注意皮鞋的养护,及时上油,保持鞋面干净,不留灰尘和污迹。

在公众场合,切记当众脱鞋,或处于半脱鞋状态。这是非常失礼的行为。

皮鞋

图片来源:达芙妮品牌官网

3）丝袜

在穿着裙装时,可选丝袜进行搭配。丝袜根据款式可分为连裤袜、长筒袜等。在正式场合中,丝袜的颜色选择非常重要,可选择透明裸色或亚光黑色丝袜。其他颜色或带有图案、镂空等其他款式的丝袜不适合在正式场合穿着。日常生活中,因丝袜容易被刮破、滑丝,应随身携带一双备用丝袜。

4）包

手提包是女性出席正式场合时使用的重要配饰。商务女性选择手提包应选择款式简洁大方、质量上乘、做工精致的手提包。手提包大小适中、容积率大,以能放下 A4 尺寸的文件为宜。材质应轻巧、耐磨,方便携带。颜色可选择黑色、棕色等颜色,较好进行搭配。

女士手提包（1）

图片来源：DOLCE&GABBANA 品牌官网

女士手提包（2）

图片来源：迪奥品牌官网

5）丝巾

丝巾是女性装饰中不可或缺的时尚元素之一。在职业便装中搭配适宜的丝巾,可以给人留下良好的印象。丝巾的材质有真丝、桑蚕丝、仿真丝等多种,应选择有一定垂坠感的丝巾为宜。根据丝巾的尺寸可分为方形丝巾、长型丝巾、大尺寸丝巾、小尺寸丝巾等。在颜色的选择上也多种多样,在搭配深色职业装时,建议选择明度、纯度较高的丝巾,也可选择丝巾上与衣服颜色相近的丝巾。

丝巾的玫瑰花系法

图片来源：上海故事品牌官网

丝巾的单边蝴蝶结系法

图片来源：上海故事品牌官网

丝巾的系法有多种,可根据不同的场合选择不同的系法。常见的系法有单边蝴蝶结系法、玫瑰花系法等。

3. 礼服

随着时代的发展,越来越多的商务酒会、晚宴等要求来宾盛装出席。因此,在汽车商务宴请中,应穿着合适的礼服。女士礼服分为晨礼服和晚间礼服。

日间礼服被称为晨礼服、常礼服,是职业女性出席商务庆典仪式时常选择的服装。一般以套装礼服为主,裙长过膝,不宜露出太多皮肤,颜色选择上不宜太过跳跃,以同色系搭配为宜。

晨礼服

图片来源:香奈尔官网

晚间礼服一般式出席晚间正式活动时所穿的礼服,根据款式的不同可分为小礼服、正礼服等。根据不同的场合和要求,可选择不用的礼服。如参加晚间鸡尾酒会、小型舞会等,可选择小礼服。正礼服是晚上 8 点之后出席非常正式、大型的晚会或宴会时选择的服装,裙长及地,款式、质地选择多样。

晚间小礼服

图片来源:OBBLIGATO 品牌官网

晚间正礼服

图片来源:华伦天奴品牌官网

2.3.4　配饰礼仪

配饰是指戒指、耳环、项链、手链、胸针等饰物,与服装搭配,对服饰起修饰作用的物品,是服装美感的一种延伸。配饰搭配得当,可以体现商务人士的审美与品位。

1. 首饰

首饰主要是指项链、戒指、耳饰、腕饰等。

1) 项链

佩戴项链时,应注意与所穿服装风格相匹配。项链的材质、大小有多种,镶嵌的宝石、玉石也有大有小。项链是视觉中装饰效果最强的配饰,选择时应考虑脸型和颈部特征。

配饰

图片来源:乔治白官网

项链

图片来源:周大福品牌官网

2) 戒指

一般情况下,左手佩戴戒指。戒指佩戴的不同位置也表示了不同的含义,应谨慎选择。如戴在左手无名指,表示已婚,通常不会戴在大拇指、食指上。

3) 耳饰

耳饰有耳环、耳钉、耳坠等多种式样和款式。在商务场合中,应成对佩戴,不宜在一只耳朵上带多只耳环。在款式的选择上应以个人脸型为参考,选择合适的耳饰,总体风格以简单大方的款式为宜。在商务场合中,男士不宜佩戴耳饰。

戒指

图片来源:周大福品牌官网

耳环

图片来源:周大福品牌官网

4）腕饰

手镯、手链、手串、手珠等都是手腕部的装饰品，一般只戴一件。佩戴手链、手镯时，不宜成双。手链、手镯、手串、手珠不宜同时佩戴。在汽车商务场合中，宜选择简洁的款式。

耳钉

图片来源：周大福品牌官网

手链

图片来源：周大福品牌官网

手珠

图片来源：周大福品牌官网

手镯

图片来源：谭木匠品牌官网

手串

图片来源：谭木匠品牌官网

在首饰的佩戴中，应考虑佩戴的整体性。佩戴时，如佩戴有手链、项链、耳饰等，应选择同一材质进行佩戴。选择的款式以简约为主，避免夸张的戒指、项链等。商务人士佩戴的首饰，以少而精而宜，数量上一般全身不超过3种。

2. 胸针

胸针是女性常用的饰品，质地有珠宝、珍珠、金属等。选择时，可依据不同的服装特点、出席的场合进行不同的选择，不宜与图案、款式复杂的服饰进行搭配。在佩戴时，应注意不能与企业徽章同时佩戴。

3. 手表

商务人士佩戴手表，意味着作风严谨，时间观念强。商务场合中佩戴手表，应以简洁、庄重的商务表为主，与职业装相搭配，不能佩戴晚宴表、卡通表、玩具表等。一般来说，手链与手表不宜同时戴在一只手上。

4. 墨镜

墨镜，也称为太阳镜，除遮挡阳光的作用外，已经成为一种饰品。商务人士应注意，在室内活动、与人交谈或握手时，不宜佩戴墨镜。在参加重大的典礼活动时，不宜佩戴墨镜。

胸针　　　　　　　　　　　　　　　手表

图片来源：周大福品牌官网　　　　　图片来源：天梭品牌官网

墨镜

图片来源：暴龙品牌官网

2.3.5　奢侈品

1. 奢侈品的概念

奢侈品消费已经成了人们日常生活的重要组成部分。据相关报道显示，中国消费者在 2015 年出国大量购买奢侈品并成为世界上奢侈品的主要消费者。Credit Suisse 的数据表示，中国人的消费占奢侈品市场的 30％。

从广义的角度来说，奢侈的概念是一种被整体或部分地被各自社会阶层所认可的生活理念或生活方式，是社会和人类对于未来更加美好的愿景和缩影。奢侈品是奢侈概念的实物化，指超出人们生存与发展需求范围的，具有独特、稀缺、珍奇等特点的商品。可分为符号型商品和功能型商品，如珠宝、名牌手表、提包、跑车、酒店等。奢侈品品牌是指在奢侈品的基础上，涵盖服务、体验等无形内容，泛指带给消费者一种高雅和精致生活方式的象征意义，注重品位和质量、主要面向高端的产品。

2. 常见的奢侈品品牌

1）法拉利

法拉利(Ferrari)是世界上最闻名的赛车和运动跑车的生产厂家，早期的法拉利赞助赛车手及生产赛车，主要制造一级方程式赛车、赛车及高性能跑车。法拉利的赛车主要以红色为主，因而有人称它为"红色的跃马"或"红魔法拉利"。法拉利车队，是世界赛场上最知名的车队，长期称雄各种汽车赛。

法拉利于1929年由世界赛车冠军、划时代的汽车设计师恩佐·法拉利创建，总部位于意大利的摩德纳。目前，菲亚特公司拥有该公司90％股权。

法拉利 California T

图片来源：法拉利品牌官网

2）兰博基尼

兰博基尼汽车公司是一家坐落于意大利圣亚加塔·波隆尼的跑车制造商，公司由费鲁吉欧·兰博基尼在1963年创立。早期由于经营不善，1980年破产。数次易主后，1998年归入奥迪旗下，现为大众集团旗下品牌之一。

兰博基尼跑车

图片来源：兰博基尼品牌官网

兰博基尼的标志是一头充满力量、正向对方攻击的斗牛，与大马力高性能跑车的特性相契合，同时彰显了创始人斗牛般不甘示弱的个性。作为全球顶级跑车制造商及欧洲奢侈品标志之一,兰博基尼一贯秉承将极致速度与时尚风格融为一体的品牌理念,不断创新并寻求全新品牌突破。

3）路易威登

路易威登的传奇始于一段跨越万水千山的步行之旅。1835年,14岁的路易·威登先生告别瑞士家乡,徒步250公里远赴巴黎闯天下。他从行李箱工匠的学徒,一步步成为首席助理,并最终成为 Eugenie 皇后最信任的行李箱专家。

路易威登女士手提包

图片来源：路易威登品牌官网

路易威登手提包

图片来源：路易威登品牌官网

路易威登旅行包

图片来源：路易威登品牌官网

1896年路易威登 Monogram 帆布系列首次面世,宣告了品牌的时尚面貌,独有的创意也成为其经典象征。随着游轮旅行的风靡,1901年路易威登推出 Steamer 旅行袋,标志旅行软袋时代正式来临;1924年的 Keepall 旅行袋,改变了旅行的重量与打包方式,使得短途即兴的出行更为轻松优雅;1997年,随着艺术总监 Marc Jacobs 的加入,路易威登将其精湛工艺及独有奢华延伸至时装、鞋履、腕表、配饰及珠宝精品,为顾客在法式传统中融入了时尚的色彩。

4）爱马仕

1837年创立于法国巴黎,早年以制造高级马具起家,迄今已有170多年的悠久历史。爱马仕是一家忠于传统手工艺、不断追求创新的国际化企业。截至2014年已拥有箱包、丝巾领带、男女装和生活艺术品等多种产品系列。爱马仕的总店位于法国巴黎,1996年在北京开设中国第一家 Hermes 专卖店,"爱马仕"为大中华区统一中文译名。爱马仕一直秉承着超凡卓越、极致绚烂的设计理念,造就优雅之极的传统典范。

爱马仕女士手提包

图片来源：爱马仕品牌官网

5）卡地亚

卡地亚是珠宝界知名度最高、历史最悠久的品牌之一，卡地亚也是最受贵族明星喜爱的珠宝品牌。无论高级珠宝还是腕表系列，卡地亚都本着出色的制作工艺、专业技术和独特风格，传递着高贵的价值。1948年，温莎公爵夫人成为首位佩戴卡地亚豹形系列首饰的人，这一系列首饰包括了胸针、手链、项链和长柄眼镜，而豹造型既成为温莎公爵夫人的个人风格象征，也成为卡地亚历史上的精彩传世之作。

卡地亚珠宝

图片来源：卡地亚品牌官网

6）蒂芙尼

蒂芙尼公司是一间于1837年开设的美国珠宝和银饰公司。1853年查尔斯·蒂芙尼掌握了公司的控制权，将公司名称简化为"蒂芙尼公司"（Tiffany&Co），公司也从此确立了以珠宝业为经营重点。蒂芙尼制定了一套自己的宝石、铂金标准，并被美国政府采纳为官方标准。时至今日，蒂芙尼是全球知名的奢侈品公司之一。其蒂芙尼蓝色礼盒是其独特风格的标志。

蒂芙尼项链

图片来源：蒂芙尼品牌官网

蒂芙尼银饰吊坠

图片来源：蒂芙尼品牌官网

1886年，蒂芬尼推出了最为经典的Setting系列钻戒。它的六爪铂金设计将钻石镶在戒环上，最大限度地衬托出了钻石，使其光芒得以全方位折射。"六爪镶嵌法"面世后，立刻成为订婚钻戒镶嵌的国际标准。

7）香奈儿

香奈儿是一个有80多年经历的著名品牌，创始人Gabrielle Chanel于1913年在法国巴黎创立香奈儿品牌，产品设计理念秉承高雅、简洁、精美的风格。香奈儿的产品种类繁多，涉及高级定制服、高级女装、高级成衣、香水、彩妆、护肤品、鞋履、手袋、眼镜、腕表、珠宝配饰、皮包等，每一种产品都闻名遐迩，特别是香水与时装。

8）迪奥

迪奥是一个著名法国时尚消费品牌。自1946年创始以来，迪奥一直是华丽与高雅的代名词。Dior在法语中是"上帝"和"金子"的组合，金色后来也成了迪奥品牌最常见的代表色。迪奥公司主要经营女装、男装、首饰、香水、化妆品等高档消费品。迪奥女装继承

香奈儿女包

图片来源：香奈儿品牌官网

香奈儿香水

图片来源：香奈儿品牌官网

着法国高级女装的传统，做工精细，迎合上流社会成熟女性的审美品位，象征着法国时装文化的最高精神。

迪奥高级定制女装

图片来源：迪奥品牌官网

9）劳力士

劳力士是瑞士著名的手表制造商，前身为 Wilsdorf and Davis 公司，1908 年由汉斯·威斯多夫在瑞士的拉夏德芬注册更名为 ROLEX。经过一个世纪的发展，总部设在日内瓦的劳力士公司已拥有 19 个分公司。劳力士表的设计、制作始终保持传统的风格，它的性能包括全自动、单历、双历、防水、防尘等，做工精益求精，特别是表盘、表把及表带，雕刻成的王冠更是其高品质的标志。

10）菲拉格慕

一代鞋王萨尔瓦多·菲拉格慕自 1927 年成立同名品牌开始，虽然经历了全球经济大衰退，第二次世界大战，但是依然屹立不倒，并且成为一个历久不衰的经典时装品牌代表。菲拉格慕是皮鞋、皮革制品、配件、服装和香氛的

劳力士手表

图片来源：劳力士品牌官网

世界顶级设计者之一。萨尔瓦多·菲拉格慕的成功在于其对产品素质的坚持,即使在生产过程机械化的今天,产品依然全数采用手工缝制,而且每名技术人员只负责一个工序,令每个工序更完美。

菲拉格慕女鞋

图片来源:菲拉格慕品牌官网

2.4 汽车商务仪态礼仪

仪态,是人们在动作、活动之中身体各部分呈现的姿态,包括人的举止和表情。在人际交往中,优雅的仪态可以透露出自己良好的礼仪修养和风度。汽车商务人员应在工作中呈现出端庄大方、自然亲切的仪态美,这是汽车商务人员在汽车服务业中所必备的素质。

2.4.1 形体美

形体美作为人的仪态美的重要组成部分,是指人的整体指数合理,人体各部位之间的比例匀称,形成了优美和谐的外观特征,既有线条的差别,也有骨骼大小的差别,更有身材比例的差别。不同体型的形象引起的感受是不同的。

艺术体操

图片来源:北京奥运会中国奥委会官网

1. 形体美的要求

形体美是由身高、体重和人体各部分的长度、维度及比例所决定的：人体骨骼发育正常，身体各部位比例匀称；头部五官端正，颈部挺直灵活，与头部配合协调；双肩对称，双臂修长；胸部宽厚，比例协调；腰部呈现圆柱形，细而有力，腹部扁平；臀部圆满适度微显上翘。从现代观点来看，男性在形体上应倾向于强壮、有力，拥有发达而强健的肌肉，充满阳刚之气的精神面貌和气质；女性在形体上应倾向于丰满、挺拔，拥有健美而富有弹性的肌肉，充满青春活动的精神面貌和气质。要保持良好的身体形态，应通过健康的饮食和合理的运动。

2. 形体美的评价标准

1）人体的轮廓

轮廓，也就是人体的外边缘线，有直线型和曲线型之分。直线型身材的特征是肩平、身平，整体上缺少三围的曲线变化。曲线型身材是脸圆、身体圆，女性的三围特征明显。

2）量感

量感是指一种饱满、充实的程度，一般指物体的大小。人体的量感是指骨骼及身材的大小，给人的整体感受。骨骼大、身材高，就有大气、开放的感觉；骨骼小，身材小，就有秀气、可爱的感觉。

3）人体健美标准指数

（1）身高指数。身高是反映人体骨骼生长发育和人体纵向高度的主要形态指标。身高指数是指人的身高（厘米）减去体重（千克）的数字。我国青年男子平均身高指数为109，青年女子平均身高指数为104。

（2）体重指数。体重是反映人体横向生长和维度、宽度、厚度以及重量的整体指标。体重指数值指人的体重（克）除以身高（厘米）的数字。我国青年男子平均体重指数为348克/厘米，青年女子平均体重指数为335克/厘米。

（3）身体质量指数。身体质量指数（Body Mass Index, BMI），简称体质指数，是世界卫生组织定义使用的衡量人体胖瘦程度以及是否健康的一个指标，按公斤计算的体重除以按米计算的身高的平方来计算。当身体质量指数等于或大于25时为超重，身体质量指数等于或大于30时为肥胖。BMI适用于成年人，尚不能用于儿童。对于不同的人种，同样的BMI可能代表的肥胖程度不一样。

（4）比例。比例是均衡的一种定量的概念，身体各部位均符合美学中形式美的原则，即各部位的比例均匀对称，才能给人和谐统一的美感。一个体型匀称的人，体重与身高、腰围与胸围、臀围的理想比例，都接近于黄金分割率。

2.4.2 站立姿态

1. 基本站姿

正确的站姿为站立时呼吸均匀，呈自然状态站立，头正，颈直，下颌微收，双眼平视前方,表情自然放松,面带微笑;双肩放松向后展开、下沉,挺胸,收腹,腰部正直,臀部向内向上收紧;双手自然下垂,双手放松,手指中指贴合两侧裤缝;双腿并拢立直,双脚脚跟靠拢,双脚脚尖可并拢或呈60°夹角。重心置于两腿中间,如图2-5～图2-7所示。

图2-5 基本站姿正面

图2-6 基本站姿侧面

这是日常生活中常用的站姿,主要体现为头正、肩平、身正,可体现出汽车商务人员的良好的精神风貌。应避免出现无精打采、弯腰驼背、身躯歪斜、叉腰抱肘等情况,影响美观。

2. 礼仪站姿

1) 男士礼仪站姿

在基本站姿的基础上,男士双手微微弯曲呈半握拳状,掌心向内,一只手在上握住另

模块 2　汽车商务职业形象设计

图 2-7　基本站姿背面

一只手的手腕处,双手叠放置于小腹处。也可将双手相握,叠放于腹前,或握于身后。双脚打开,与肩膀同宽度,重心置于两腿中间。这样的男士礼仪站姿,体现男士潇洒、阳刚的美感,如图 2-8～图 2-10 所示。

图 2-8　男士礼仪站姿正面　　　图 2-9　男士礼仪站姿侧面　　　图 2-10　男士礼仪站姿背面

2) 女士礼仪站姿

在基本站姿的基础上,女士双手伸直后自然相交于小腹之处,掌心向内,一只手在上,一只手在下叠放在一起。双脚呈丁字形,即将左(右)脚脚后跟置于右(左)的中后部,重心置于双腿之间。这样的女士站姿,可提现女性优美、典雅的美感,如图 2-11～图 2-13 所示。

图 2-11　女士礼仪站姿正面

图 2-12　女士礼仪站姿背面

图 2-13　女士礼仪站姿侧面

2.4.3　蹲坐姿态

1. 蹲姿

由于服务需要,汽车商务人员有时需要采用蹲姿进行工作,如为顾客进行副驾驶安全带的调试。此时,如果采取弯腰撅屁股的方式,则十分不雅。蹲是有站立姿态转变为两腿弯曲和高度下降的姿势,因不像站姿、走姿、坐姿一样使用频繁,因而蹲姿中的细节比较容易被忽略。

正确的蹲姿为下蹲时,前后脚站立。左脚在前完全着地,小腿垂直于地面,右脚稍后于左脚,脚掌着地,脚跟提起。右侧膝盖低于左侧膝盖,右侧膝盖微微向内靠拢。重心置于左腿。此时上半身微微前倾,臀部向下。尤其女性在下蹲时应注意避免臀部上撅,上身前倒,防止背部衣服上提,露出腰臀部和内衣,影响美观,如图 2-14~图 2-17 所示。

图 2-14 男士蹲姿正面

图 2-15 男士蹲姿侧面

图 2-16 女士蹲姿正面

图 2-17 女士蹲姿侧面

2. 坐姿

1）标准坐姿

正确的坐姿要领为上半身直立，双肩放松，头正，颈直，下颌微收，双眼平视前方，表情自然放松，面带微笑；双肩放松向后展开、下沉，挺胸，收腹，双手自然下垂放在膝盖上，手指微微并拢；双腿自然弯曲，小腿与地面垂直，双脚平落地面。膝盖并拢，男士可打开膝盖，宽度与肩齐宽，如图 2-18～图 2-20 所示。

女士就座时可采用标准坐姿，也可将双腿、双膝并拢，侧放，采用优雅式坐姿。起立时，双脚先向后收半步，然后轻轻站起，如图 2-21～图 2-22 所示。

2）入座的注意事项

（1）在就座时，应坐在椅子、凳子上，坐在桌子、地板上等，是失礼的行为。

（2）出于礼貌，与他人一起入座时，或与对方同时入座时，应先请对方入座。

（3）入座时，动作轻盈舒缓，从容自如。在椅子拉开后，从椅子的左侧入座。起身离座时，双脚先向后收半步，然后站起。动作轻缓，轻轻将椅子送回原位，从左侧离去。

图 2-18 男士坐姿正面(1)

图 2-19 男士坐姿正面(2)

图 2-20 男士坐姿侧面

图 2-21 女士坐姿正面(1)

图 2-22 女士坐姿正面(2)

图 2-23 女士坐姿侧面

模块 2　汽车商务职业形象设计

（4）女士入座时,就座前可用双手将裙子向前拢一下,防止裙子产生褶皱。不要落座后再整理裙子。

（5）就座时,切勿将双手夹在两腿之间,这样显得胆怯害羞,也不够雅观。

（6）就座时,应坐椅子椅面的 2/3 处,不宜靠背。

（7）在公共场合,入座时如果周围有人在座,应向周围的人示意问好,起身离座时,也应以语言或动作向其先示意,后起身离座。

 2.4.4　行走姿态

汽车商务活动中,大部分工作是在行走中完成的。如引导客人参观展车,引导客人进行试乘试驾等,行走中的姿态美非常重要。

1. 基本走姿

基本走姿的基本要领是上半身保持基本站姿的形态,呼吸均匀,头正,颈直,下颌微收,双眼平视前方,表情自然放松,面带微笑；双肩放松向后展开、下沉,挺胸,收腹,腰部正直,臀部向内向上收紧；下肢由大腿带动小腿,向前行走；双臂自然放松,跟随身体的节奏自然摆动,双手自然弯曲,在摆动中离开双腿的距离不超过一拳的距离,如图 2-24～图 2-26 所示。

图 2-24　基本走姿(1)

图 2-25　基本走姿(2)

图 2-26　基本走姿(3)

行走的过程中应注意重心的转移和变化：先由脚后跟着地,随着身体向前移动,慢慢将重心前移,如图 2-27 所示。

2. 行走时的注意事项

（1）在行走的过程中,步幅适中,速度均匀,步态轻松,节奏轻快,保持明确的方向,尽可能走在一条直线上,不走八字脚。

（2）在陪同引导客人时,应站在客人的左侧。当行进到拐角、楼梯或灯光较暗等地时,应及时提醒客人留意。

（3）女士在穿高跟鞋行走时,应注意维持身体的平衡。行走的过程中,腿部应注意膝

汽车商务礼仪

图 2-27　基本走姿的重心变化

关节绷直,避免出现屈膝、撅臀的情况。脚后跟先落地,两脚落地时脚尖与脚跟落在同一直线上。

(4) 不能边走路边吃零食、吹口哨或左顾右盼,这些都是不良走姿。

 2.4.5　手势姿态

手势在日常生活中使用较多,可以起到强化有声语言的作用。

1. 日常手势规范

1) 手持物品的规范

在日常生活中,双手最基本的功能是持物。手在持物时应注意,应根据实际情况采用不同的手势。手持物品时,可双手,也可用单手,最重要的是确保物品安全,注意轻拿轻放,如图 2-28 所示。

图 2-28　手持物品

2) 递物的规范

递物与接物是日常生活中常见的动作。在物品递交的过程中,应尽量使用双手或右手递物。传递给他人时,应确保物品交到对方手中。必要时,应起身,主动走近对方进行接物。如果递交剪刀、刀具等带尖、带刃的物品,应将尖、刃朝向自己。同时,作为汽车商务人员,在接待服务的过程中需要将水杯等物品递给客户,应注意保持双手的卫生,如图 2-29 所示。

图 2-29　递物

2. 服务手势规范

在用手势进行引导时应注意,手指自然并拢,掌心向上。因手臂的摆动姿势的不同,可细分为:

(1) 请人进门。站在客人侧前方,身体微微前倾,肘部弯曲,掌心向上,小臂与手掌呈一条直线,向外横摆指向行进方向,手臂高度在胸以下,如图 2-30 所示。

图 2-30　请人进门

(2) 请人就座。手臂以肘关节为轴,由上向下斜伸指向座位。另一只手自然垂放在身体　侧,或置于身后。

(3) 指引。手臂抬至齐胸高,以肘关节为轴,向外侧横向摆动,手指五指并拢,指尖指向物品或行进的方向。同时面带微笑,点头示意,如图 2-31 所示。

(4) 遮挡作用。一只手扶住车门,另一只手手臂抬至与车门齐高,手指微微并拢,手背抵住车门,手掌向下,防止客户在上下车门处碰撞到头部,如图 2-32 所示。

图 2-31　指引指示

图 2-32　遮挡

3. 服务手势的注意事项

（1）根据地域环境的不同，相同的手势在不同的地域代表不同的含义，在使用时应注意各地文化差异。

（2）使用手势时，应注意避免使用手指指物，尤其不能用食指、中指指人，以免给他人留下不好的印象。

2.4.6　表情神态

表情是人的思想感情的自然外露，通过人的面部形态表现出来。在汽车商务场合中，汽车商务人员坦诚的眼神和真诚的笑容，可以拉近与顾客之间的距离，营造良好的客户关系。

1. 眼神

目光，即眼神，是面部表情的核心，是心灵的窗户，是最富有感染力的表情语言。有相关专家研究证明,人的兴趣爱好、动机、态度等都会从瞳孔中反映出来。因此,在商务场合中,作为汽车商务人员,在与客户进行交流时,应传递出坦诚、亲切、热情、有神的眼神。

眼神是一种真实、含蓄的语言。在人际交往中,用自信、坦率的目光正视交往对象,或将视线停留在对方的头部与肩部形成的三角区域,可以表达出对对方的尊重,拉近与对方的距离。在与他人进行交谈时,应间断式的注视对方的眼睛,与其自然对视1～3秒,然后再缓缓移开。

不论是见到熟悉的人,还是初次见面的人,都应正视对方,面带微笑,表现出热诚、喜悦的情绪。对于初次见面的人,应行注目礼,以示尊重和礼貌。

2. 微笑

笑的方式有多种,大笑、嘲笑、冷笑等,不同的笑的方式表达了不同的感情。心理学家认为,在人的表情中,微笑是最具有吸引力的。微笑应是发自内心的、自然流露的表情,代表着尊重、理解、亲切、友善、礼貌待人、关怀等,体现着内在的涵养和品质,是人际交往的重要手段和润滑剂,是汽车商务人员与客户感情沟通的最好方式。在社交场合中,如果对方向自己微笑,应礼貌的予以回应,如图2-33所示。

图2-33 微笑

图片来源:天真蓝摄影品牌官网

微笑时,应先调整自身情绪,眼睛微微含笑,此时使嘴角两端上扬,配合面部肌肉的活动,形成微笑。微笑时可露出牙齿上排6～8颗牙齿,将下排牙齿隐藏于唇内,避免露出牙龈。

2.5 技能实训:汽车商务职业形象——仪表礼仪

1. 实训要求及注意事项

(1)实训期间态度认真,参照教材内容要求,注意实训规范,使用标准话术。

(2)按实训规定穿好实训服装。

(3)实训时遵从实训指导教师的安排,未经老师批准,不得擅自离开,开启车辆等。

(4)注意实训室车辆安全,工作场所、通道保持有序、整洁。实训结束,整理清洁设备和场地。

2. 设备、工具、耗材要求

男士职业装、女士职业装、领带、丝巾、皮鞋、腰带、其他配饰等

3. 实训主要步骤

(1)将班级人员分组,由实训指导老师带领、指导实训。

(2)指导教师运用PPT、视频等媒体进行电话礼仪实训的内容讲解,具体内容有:

① 男士商务着装礼仪;

② 女士商务着装礼仪;

③ 配饰礼仪。

(3) 学生模拟练习。

学生在实训教师指导下,模拟练习汽车商务职业形象——仪表礼仪。

剧情设计:

早晨8点,在中锐汽车销售有限公司的销售大厅召开了销售晨会,由销售主管向各位销售顾问、服务顾问布置这一天内需要完成的工作。今天是销售顾问李明和服务顾问王红踏入工作岗位的第一天,看着同事们得体、大方的着装打扮,他们在思索,自己应该以怎样的形象来迎接客户呢?

① 根据时间、地点、场合及自身情况选择合适的商务着装:在汽车商务场合中,男士一般着商务西服套装,女士一般着商务西装套裙或职业便装。

男士商务西服套装:版型分为美版、欧版、日版、韩版等;款式分为戗驳领西装、平驳领西装;颜色可选择藏青色、黑色、灰色。

女士职业装:可选择西装套裙或职业便装。

西装套裙的款式分为 A 型、Y 型、H 型;颜色一般为黑色、藏青色、灰褐色等,也可选择条纹。

职业便装款式和形式多样,以简洁大方为主。

② 商务着装的穿着规范:注意职业装是否合身、衬衫的选择和搭配。

③ 搭配合适的配饰。

领带:选择合适的领带款式、面料、颜色、图案等,熟悉领带的系法——温莎结系法;

丝巾:选择合适的丝巾尺寸、颜色、式样等;

配饰:选择合适的首饰、胸针、手表、墨镜等,与职业着装进行搭配。

2.6 技能实训:汽车商务职业形象——仪容礼仪

1. 实训要求及注意事项

(1) 实训期间态度认真,参照教材内容要求,注意实训规范,使用标准话术。

(2) 按实训规定穿好实训服装:男生着西装、衬衣、领带、深色皮鞋;女生着职业装、衬衣、丝巾、黑色皮鞋、丝袜,盘发。

(3) 实训时遵从实训指导教师的安排,未经老师批准,不得擅自离开、开启车辆等。

(4) 注意实训室车辆安全,工作场所、通道保持有序、整洁。实训结束,整理清洁设备和场地。

2. 设备、工具、耗材要求

护肤品、化妆品、美发用品

3. 实训主要步骤

(1) 将班级人员分组,由实训指导老师带领、指导实训。

(2) 指导教师运用 PPT、视频等媒体进行电话礼仪实训的内容讲解,具体内容有:

① 基本仪容礼仪;

② 面部的修饰：皮肤；头发；女士职业妆容；
③ 职业发型的打理塑造。
（3）学生模拟练习。
学生在实训教师指导下，模拟练习汽车商务职业形象——仪容礼仪。
① 面部的清洁：脸部清洁、口腔清洁、四肢的清洁、鞋帽的清洁。
② 皮肤的清洁养护：了解皮肤的构造和功能，根据皮肤类型判断测试表判断出自己的皮肤类型和问题，并根据自身的皮肤状况，选择合适的护肤用品进行皮肤的清洁养护。
③ 职业妆容：了解自身的脸型、面部比例和结构，根据自身的情况，选择合适的化妆品化一个干净、清爽、自然的职业妆容。
④ 运用美发工具打理塑造职业发型。
男士为平头或寸头，头前的头发不遮盖眼部，侧面鬓角不长于耳朵底部，脑后的头发不宜长过衣领。
女士为盘发、马尾或短发。

2.7 技能实训：汽车商务职业形象——仪态礼仪

1. 实训要求及注意事项

（1）实训期间态度认真，参照教材内容要求，注意实训规范，使用标准话术。
（2）按实训规定穿好实训服装：男生着西装、衬衣、领带、深色皮鞋；女生着职业装、衬衣、丝巾、黑色皮鞋、丝袜、盘发。
（3）实训时遵从实训指导教师的安排，未经老师批准，不得擅自离开，开启车辆等。
（4）注意实训室车辆安全，工作场所、通道保持有序、整洁。实训结束，整理清洁设备和场地。

2. 设备、工具、耗材要求

实车一辆、接待台、办公桌、椅子

3. 实训主要步骤

（1）将班级人员分组，由实训指导老师带领、指导实训。
（2）指导教师运用PPT、视频等媒体进行电话礼仪实训的内容讲解，具体内容有：
① 形体美的要求、评价标准；
② 站立姿态；
③ 蹲坐姿态；
④ 行走姿态；
⑤ 手势姿态；
⑥ 表情神态。
（3）学生模拟练习。
每2人组成一个小组，设置汽车商务人员A、客户王先生两个角色，学生自行选择扮演相应的角色，模拟练习汽车商务职业形象——仪态礼仪。

3月的南方,细雨绵绵。上午9点,汽车商务人员A站立在中锐汽车销售有限公司销售大厅的门口,敬候客户王先生前来商谈购买Z1车型的事宜。

　　9点30分,客户王先生的车驶入了大门,汽车商务人员A撑着雨伞,快步上前,引导客户王先生将车辆停放在停车区。待客户停稳车辆后,打开驾驶室的车门,为客户撑伞遮雨的同时,用手抵挡住车门防止客户碰头。

　　汽车商务人员A微笑着向客户问好:"王先生您好!欢迎您光临中锐汽车销售有限公司。我是销售顾问李明,很高兴为您服务。"

　　客户王先生:"您好!"

　　使用指引手势引导客户王先生走向展厅。邀请客户王先生坐在驾驶室进行试驾体验,使用蹲姿为客户进行座椅的角度调试。

　　经过试乘与体验,客户王先生表示很满意。在与客户进行简单沟通后,汽车商务人员A使用指引手势指引客户走向洽谈区休息、洽谈。

　　汽车商务人员A使用服务手势示意客户就座,在征询客户意见之后,使用标准坐姿在客户旁的沙发落座。

　　汽车商务人员A使用递接手势为客户奉茶。

复习与思考

1. 判断题

(1) 男士西装中,西装纽扣是区分版型、款式的重要标志。　　　　　　(　　)

(2) 在商务场合中,男士西装衬衫可选择条纹衬衫、格子衬衫。　　　　(　　)

(3) 女士职业便装的款式和形式变化多样,可以和套裙、连衣裙、长裤等进行搭配。
　　　　　　　　　　　　　　　　　　　　　　　　　　　　　　　　(　　)

(4) 随着潮流的发展,女士在正式场合中可以光腿穿鞋。　　　　　　　(　　)

(5) 在与客人进行交谈时,应间断式地注视对方的眼睛,与其自然对视1~3秒,然后再缓缓移开。　　　　　　　　　　　　　　　　　　　　　　　　(　　)

2. 选择题

(1) 皮肤的生理功能主要有(　　)。
　　A. 保护功能　　　　B. 调节功能　　　　C. 代谢功能
　　D. 排泄功能　　　　E. 感觉功能

(2) 男士职业着装中袜子的颜色应为(　　)。
　　A. 黑色　　　　　　B. 藏青色　　　　　C. 白色

(3) 形体美的评价标准一般有(　　)。
　　A. 身高指数　　　　B. 体重指数　　　　C. 身体质量指数
　　D. 比例　　　　　　E. 心率

3. 思考题

（1）仪容礼仪中面部护理的顺序是怎样的？

（2）职业彩妆的操作流程是怎样的？

（3）汽车商务人员的职业着装需注意什么？

（4）汽车商务人员的站姿、蹲姿、坐姿、走姿及手势的运用需注意什么？

模块 3

汽车商务展厅销售礼仪

◎ 学习目标

1. 知识目标
 (1) 了解汽车销售宴请礼仪：正式宴请、工作餐；
 (2) 熟悉汽车商务馈赠礼仪；
 (3) 熟悉汽车销售拜访礼仪；
 (4) 掌握汽车销售接待礼仪：引导、位次、奉茶；
 (5) 掌握汽车销售见面礼仪：称谓、介绍、握手、名片。

2. 能力目标
 (1) 能够独立完成汽车销售流程中客户接待环节；
 (2) 对客户进行拜访；
 (3) 参与、筹办汽车商务宴请。

◎ 案例导入

2015年4月，中锐汽车销售公司参加了上海国际车展。在此次车展上推广了一款以新能源为特色的新车，并召开了新车推介会及盛大的客户答谢晚宴。销售部销售顾问李明参与了公司此次活动，在活动中他遇到了公司老客户王小姐。他将如何接待顾客王小姐，并邀请王小姐参加公司的客户答谢晚宴？

◎ 学习方案

根据汽车销售流程完成客户接待、馈赠、拜访环节，掌握汽车商务宴请的流程及注意事项。

拓 扑 图

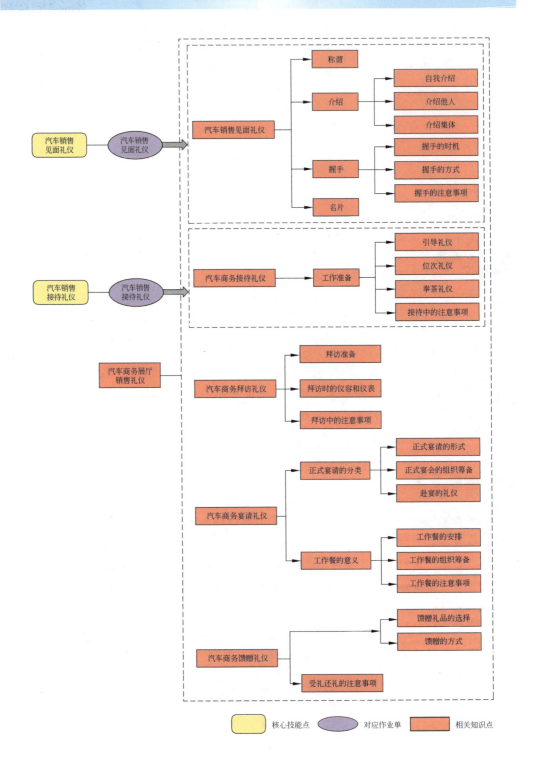

3.1 汽车销售见面礼仪

3.1.1 称谓

称谓,指人们应酬交往时,用以表示彼此关系的名称用语。恰当地使用称谓,是社交活动中的一种基本礼貌。因此在交往中,我们既要注意学习、掌握称谓的基本规律和常规用法,又要特别注意不同国家、地区之间的差别,要合乎规范,遵照当地的风俗习惯,认真区别对待。在商务活动中,称谓的基本规范是要表现尊敬、亲切和文雅,使双方心灵沟通,感情融洽,缩短彼此之间的距离。正确地掌握和运用称谓,是人际交往中不可或缺的礼仪因素。

1. 称谓的方式

在实际的操作中,需要根据交往双方的关系:亲戚、朋友、同事、领导等,确定不同的称谓。

1)泛尊称

对男性一般称为"先生",对女性一般称呼为"小姐"或"女士"。其中,应注意被称呼人的婚姻情况,已婚的女性称"夫人",未婚的女性称"小姐"。这种称谓在一般社交场合中均适用。

2)职务性称谓

在公务活动中,可以以交往对象的职务相称。如:"总监""经理""主任""处长""校长"等,以示身份有别,敬意有加。

(1)职务性称谓可以同姓名组合在一起使用,适用于正式场合。

如:"李明经理""王慧主任"等。

(2)职务性称谓可以同姓氏组合在一起使用,显示了说话人对对方身份的熟知和地位的肯定。

如:"李经理""王主任"等。

(3)职务性称谓可以同泛尊称组合在一起使用。

如:"部长先生""上校先生"等。

(4)对于职务高的官方人士,可称"阁下",如"总统阁下"。

3)职衔性称谓

交往对象拥有社会上受尊重的学位、学术性职称、专业技术性职称、军衔和爵位,可用职称、学衔相称。

(1)称呼职衔,如:"教授""法官""博士""工程师""爵士"等。

(2)可与姓名、姓氏和泛尊称分别组合在一起使用。

如:"李教授""王然法官"等。

4)职业性称谓

对不同行业的人士,可按行业进行称呼。

（1）称呼职业，如："教师""医生""警察"等。

（2）可与姓名、姓氏和泛尊称分别组合在一起使用。

如："李老师""王然医生"等。

5）姓名称谓

姓名，即一个人的姓氏和名字。姓名称谓是使用比较普遍的一种称呼方式。

（1）全姓名称谓，即直呼其姓和名。

如："李明""王然"等。

全姓名称谓有一种严肃感、庄重感，一般适用于郑重场合。在日常人际交往中，指名道姓地称呼对方是不礼貌的行为。

（2）在一般较为熟悉的人之间，可以直接称呼他人的姓名或姓氏。中国人为表亲切，习惯在被称呼者的姓前加上"大""小""老"等字，而免称其名。如"小李""老王""大朋"等。

2. 敬辞和谦辞

敬辞是为了表示尊敬有礼，在交往和称谓中应谦称自己，敬称对方。谦辞是在交往中使用谦称来称呼自己，表示说话的谦逊和修养，也是对对方的尊敬。用语中讲究敬辞和谦词，充分反映了人们在交往中的文明程度，反映了社会精神风貌和人际伦理道德风范。

1）敬辞

（1）用"恭"字：表示恭敬对待对方。如：恭喜、恭贺、恭候您的光临等。

（2）用"贵"字：称对方有关的事物。如：贵庚、贵校、请问您贵姓等。

（3）用"敬"字：用于自己的行动涉及别人。如：敬告、敬请、敬候您的光临等。

（4）用"惠"字：用语对方对待自己的行为动作。如：惠存、惠临、感谢惠顾等。

2）谦辞

（1）用"鄙"字：在于他人说话时，说自己或与自己相关的事物，在某些词前加上"鄙"字，以表达说话人的谦虚。如：鄙人、鄙见等。

（2）用"愚"字：这个字常用于说自己，表示在别人面前说话的谦虚。如：愚兄、愚见等。

（3）用"敢"字：在向他人有所请求时，在某些词前加上"敢"字，以表示自己是冒昧地。如：敢问、敢请等。

3. 称呼的禁忌

称呼的使用是否规范，是否表现出尊重，是否符合彼此的身份和社会习惯，这是一个十分重要的问题。称谓的选择应根据不同的对象，区别不同场合，以文明礼貌为原则。

一般情况下，以职业、年龄来选择合适的称谓。如在医院里称"医生""护士"；在学校称"老师""教授""同学"；长辈、邻居可称"李大伯""王阿姨"等。

交往中如果称呼不当，就会失敬于人，失礼于人。一般而言，以下称呼是不能采用的：

（1）缺少称呼。需要称呼他人时，如果不用任何称呼，或者代之以"喂""嘿""那个谁"以及具体代称，都是极不礼貌的。

（2）庸俗低级的称呼。在正式场合中，不要使用低级、庸俗的称呼或用绰号作为称呼。如"哥们儿""姐们儿"之类的称呼。对与自己关系一般者，切勿擅自为对方起绰号，也不能用道听途说的绰号去称呼对方。不论在任何情况下,绝不能使用歧视性、侮辱性的称呼。

3.1.2 介绍

在商务活动中,介绍是人际交往中与他人沟通、增进了解、建立联系的一种最基本、最常规的方式。它是经过自己主动沟通或者通过第三者从中沟通,从而使交往双方相互认识、建立联系的一种社交方法。根据介绍者,介绍可以分为自我介绍、他人介绍和集体介绍三种基本类型。

1. 自我介绍

在社交活动中,如欲结识某些人或某个人,而又无人引见,如有可能,即可向对方自报家门,自己将自己介绍给对方。恰当的自我介绍,不但能增进他人对自己的了解,还可以创造出意料之外的商机。

1)介绍时机

在商务场合中,遇到与不相识者共处一室时;与相识者对自己感兴趣时;求助的对象对自己一无所知、不甚了解时;前往陌生的单位、公司进行业务拜访时;初次登门拜访不相识的人时,需要向他人介绍自己,方便他人了解自己。

2)介绍方式

应当何时进行自我介绍?这是最关键而往往被人忽视的问题。自我介绍时应先向对方点头致意,得到回应后再向对方介绍自己的姓名、身份、单位等。自我介绍的具体形式如下。

(1)应酬式:适用于日常社交场合,这种自我介绍最为简洁,往往只包括姓名一项即可。

"你好,我叫李明。"

"你好,我是王然。"

(2)问答式:适用于应试、应聘和公务交往。问答式的自我介绍,应该是有问必答,问什么就答什么。

"先生,你好!请问您怎么称呼?(请问您贵姓?)"

"先生您好!我叫李明。"

(3)工作式:适用于工作场合,它包括本人姓名、供职单位及其部门、职务或从事的具体工作。

"你好,我叫李明,是中锐汽车公司的销售经理。"

"我叫王然,我在中锐汽车公司市场部任职。"

(4)交流式:适用于社交活动中,希望与交往对象进一步交流与沟通,希望对方认识自己、了解自己、与自己建立联系。它大体应包括介绍者的姓名、工作、籍贯、学历、兴趣及与交往对象的某些熟人的关系。

"你好,我叫李明,我在中锐汽车公司销售部工作。我是王然的老乡,都是上海人。"

"我叫张欣,是李明的同事,也在中锐汽车公司。"

3）自我介绍的注意事项

（1）选择适当的时机。自我介绍需选择合适的时机，对方有空闲，而且情绪较好，又有兴趣时，这样就不会打扰对方。自我介绍时还要简洁，尽可能地节省时间，以半分钟左右为佳。作自我介绍时，还可利用名片、企业业务资料等加以辅助。

（2）态度大方、自然真实。在自我介绍时态度要保持自然、友好、亲切，落落大方，充满自信，语速正常，口齿清晰。所表达的内容真实可信。一味贬低自己讨好别人，都是不可取的。

2. 介绍他人

在商务活动中，经常需要在他人之间架起人际关系的桥梁。介绍他人，指的是经第三者为彼此不认识的双方引见、介绍的一种方式。介绍他人，通常都是双向的，即是被介绍者双方各自均做一番介绍。有时，也可以进行单项的介绍他人，即只将介绍者中的某一方介绍给另一方。介绍他人的过程中，需要掌握以下几点。

1）介绍时机

在商务场合中，你的接待对象遇见了不相识的人士，而对方又跟自己打了招呼时；你陪同上司、长者、来宾时，遇见了其不相识者时，而对方又跟自己打了招呼；在公司里或办公室里，接待彼此不相识的客人或来访者时；打算推介某人加入某一方面的交际圈时，我们需要为彼此不认的双方作介绍。

在公务交往中，介绍人应当由公关礼仪人员、秘书担任；在社交场合，东道主、长者、女主人、身份较高者或与被介绍的双方均有一定交情者都可以担任介绍人。

2）介绍方式

在商务活动中，由于实际的需要不同，介绍所采用的方式也会有所不同。常见的介绍他人的方式有：

（1）简单式。只介绍双方姓名一项，甚至只提到双方姓氏，适用于一般社交场合。

如："我来为大家介绍一下：这位是王总，这位是李总。希望大家合作愉快。"

（2）一般式。以介绍双方的姓名、单位、职务等为主，适用于正式场合。

如："请允许我来为两位引见一下。这位是中锐汽车公司的销售经理王小姐。这位是华汽汽车公司的副总李先生。"

（3）礼仪式。是一种最为正规的介绍他人的方式，一般适用于正式场合。在语气、表达、称呼上都更为规范和谦逊。

如："王先生您好！请允许我把中锐汽车公司的销售总监李明先生介绍给您。"

3）介绍顺序

在为他人介绍时，先介绍谁？后介绍谁？是一个比较敏感的礼仪问题。在商务场合中，处理为他人做介绍的问题上，必须遵守"尊者优先了解情况"的规则。它的含义是：在为他人作介绍前，首先要确定对方地位的尊卑，然后先介绍位卑者，后介绍位尊者。这样做，可以使位尊者优先了解位卑者的情况，以便见机行事，在交际应酬中掌握主动权。通常情况下介绍的顺序如下。

（1）介绍上级与下级认识时：先介绍下级，后介绍上级。

如："王总您好！这位是销售部销售顾问李明。李明您好！这位是王总。"

(2) 介绍长辈与晚辈认识时：先介绍晚辈，后介绍长辈。

(3) 介绍男士与女士认识时：先介绍男士，后介绍女士，即向女士介绍男士。

如："王小姐您好！这位是李先生。李先生您好！这位是王小姐。"

(4) 介绍来宾与主人认识时，应先介绍主人，后介绍来宾。

如："王小姐您好！这位是我们销售总监李总。李总您好！这位是顾客王小姐。"

4) 介绍他人的注意事项

在介绍他人时，介绍人及被介绍人都需要注意一些细节：

(1) 在介绍之前，应征求被介绍双方的同意。

(2) 当介绍者上前为被介绍者介绍时，被介绍双方应起身站立，态度大方。

(3) 介绍者介绍完毕，被介绍双方应依照礼仪的顺序进行握手，并进行简单寒暄。

3. 介绍集体

如果需要介绍的不是单个人，而是许多人，则需要介绍集体。介绍集体是介绍他人的一种特殊情况。介绍集体时需要注意以下细节：

(1) 单项式介绍。当被介绍的双方一方为一个人，另一方为多个人组成的集体时，可以把个人介绍给集体。例如，在中锐汽车公司客户答谢宴会上向现场各位来宾介绍出席本次宴会的各位嘉宾。

(2) 双向式介绍。进行两方以上的多方介绍时，双方的全体人员均应被正式介绍。介绍顺序应由尊至卑，按顺序介绍各方。

3.1.3 握手

握手是人们在交往中彼此用于表达友好的常用的礼节，也是汽车商务人员在销售、服务的过程中重要的表达方式。握手的力量、姿势与时间的长短往往能够表达出对对方的态度，显露自己的个性，给人留下深刻印象，如图3-1所示。

图3-1　握手礼

1. 握手的时机

何时行握手礼？它通常取决于交往双方的关系、现场的气氛，以及当事人个人的心情等多种因素，所以不好一概而论。主要分下面两种情况。

1）必须握手的时机

（1）在比较正式的场合向他人介绍自己或与相识之人道别时，在辞行之时。

（2）在家中、办公室里以及其他一切以本人作为东道主的社交场合，迎接或送别来访者之时。

（3）被介绍给不相识者时或在社交场合，如宴会、舞会等。

（4）向他人表示恭喜、祝贺之时和他人向自己表示恭喜、祝贺之时。

（5）向他人赠送礼品或颁发奖品时。

2）不必要握手的场合

（1）对方手部负伤或对方手部负重；

（2）对方手中忙于其他事。如，打电话、用餐、喝饮料、主持会议或与他人交谈时。

（3）对方距离自己较远时。

（4）对方所处的环境不适合握手时。

2. 握手的方式

（1）姿势：伸出右手，手心与身体处于垂直状态，身体微微前倾，握手时，双目注视对方，面带笑容，如图 3-2 所示，同时伴有问候语："您好！很高兴认识您！"。

图 3-2　握手的方式

（2）力度：应适中，握力在两公斤左右最佳。过于用力给人一种居心不良的感觉，而握手有气无力则给人傲慢和不诚恳的感觉。

（3）时间：两个人握手应该停留的时间在 3~5 秒即可。特别是异性握手时，切忌久久不分开。

（4）顺序：握手应由主人、年长、身份职位高者和女子先伸手；无论谁先伸手，都应看作是友好、问候的表示，应马上伸手相握；拒绝他人的握手很不礼貌的。

3. 握手的注意事项

（1）握手应采用站立姿态，不宜坐着与人握手。

（2）不宜戴着墨镜、手套握手，女士可在宴会场合带着薄纱手套与人握手；握手时另一只手不宜放在口袋里。

（3）不宜交叉握手。在多人同时握手时，当自己伸手时发现他人已经伸手，应主动收回，并说声"对不起"，待别人握完后再伸手相握。

3.1.4 名片

名片，是第一次见面的"身份证"，一张名片上，除写有名字外，还注明了所属单位、个人身份、地址、电话号码等，其作用就像一个数据库，便于对方记忆、查找，避免了查询式的交际尴尬。

1. 名片的设计

名片不要随便涂改，尤其工作场合，名片者脸面也，随意涂改者不合适。再者名片上一般不提供手机号码和住宅电话，仅提供办公室公用电话，以示公私有别。最后公务交往的名片一般不提供两个以上的头衔，表示自己专心致志。你如果身兼多职怎么办呢？国际惯例你可以多准备几种名片，面对不同交往对象使用不同的名片。例如面向港台地区客户时可使用繁体字印刷。

名片

名片的制作要注意以下问题。

（1）规格：通常规格的名片长为9厘米，宽为5.5厘米。现在很多公司为了体现公司文化及特点，设计不同规格的名片，这不利于名片的存放。

（2）材质：选用纸张，并以耐磨、耐折、美观、大方的白卡纸、合成纸、布纹纸等为佳。

（3）色彩及图案：宜选素雅的白色、米色、淡蓝色、淡黄色、淡灰色，并且以一张名片一种颜色为好。在名片上出现的图案，除纸张自身的纹路外，还有企业标志、企业方位、企业主导产品简介等。

（4）文字：宜用汉语简体字，在香港、澳门等地区或国内少数民族聚居区、境外使用的名片，可酌情使用繁体字、少数民族文字或外文。

作为汽车商务人员,名片上应包含:公司标志、公司名称、公司地址、姓名、职务、联系方式、传真号码、电子邮件等。

2. 交换名片

1) 交换名片的时机

遇到以下情况时,需将自己的名片递交他人,或与对方交换名片:希望认识对方时;表示自己重视对方;被介绍给对方;对象想要自己的名片;提议交换名片;初次登门拜访对方时等。如:作为汽车销售顾问,在汽车展厅中,向初次前来参观、咨询的顾客递上自己的名片。与他人第一次见面时,一般需要赠送一张名片,这是十分得体的礼仪。出示名片,表明你有与对方继续保持联络的意向。

当对方将名片递交给你之后,如果自己没有带名片或没有名片,应向对方表示歉意,并如实说明理由。

2) 交换名片的要点

(1) 递交名片。

递交名片时需观察双方是否均有建立联系的意愿,在此前提下发送自己的名片。名片只有在适宜的时机发放,才会令名片发挥功效。双方递交名片时,应由位低者向位高者发送名片。在多人之间递交名片时,切勿跳跃式进行发送,甚至遗漏某些人。

递交名片这一过程,应起身站立主动走向对方,面含微笑,上体前倾 15 度,以双手握持名片,举至胸前,并将名片正面面对对方,同时说礼节性用语,如图 3-3 所示。

图 3-3 递交名片

如:在顾客来到汽车销售展厅之时,快步上前迎接,面含微笑,双手递上自己名片,并向客户问好:"先生您好!欢迎光临中锐汽车公司。我是这里的销售顾问李明,这是我的名片。"若顾客为两人或多人,则分别向客户一一递上名片。

(2) 接受名片。

接受客户递过来的名片时,要双手接受,并面带微笑,点头或道谢。接受名片者应礼貌地阅看名片上所显示的内容,以示对对方的尊重,同时也加深了对名片的印象,如图 3-4

所示。接受了他人的名片之后,一般应回给对方一张自己的名片。如没有携带名片,应及时向对方致歉并解释情况。

图 3-4　接受名片

(3) 名片的保存。

接收到他人名片后,应将名片谨慎地置于上衣口袋、办公桌或公文包内,切勿将名片随意地放在其他地方。

为方便名片的保存和管理,可使用名片夹、名片盒。根据功能的不同,名片夹、名片盒有多种分类,可根据不同的需求进行选择。在商务场合中,可选择小巧便携式的名片夹。

名片盒

图片来源:无印良品品牌官网

名片夹

图片来源:无印良品品牌官网

3.2　汽车销售接待与拜访礼仪

3.2.1　汽车商务接待礼仪

迎来送往是社会交往活动中最基本的形式和重要环节,是表达主人情谊、体现礼貌素养的重要方面。在汽车商务活动中,热情周到的接待将会给客户留下良好的第一印象,为后期的销售工作及售后工作打下了基础。

1. 工作准备

在正式接待客户前,为了保证服务工作顺利进行,应提前着手从事一些必要的预备、筹划和安排。通过对汽车销售展厅内人、车、物的完善准备,保证在展厅硬件、软件上均处于接待客户的最佳状态,使顾客感受到热情主动的欢迎和周到的服务。只有充分进行了必要的岗前准备,汽车商务人员的服务水平才能在服务过程中得到良好的发挥。

1)自身准备

汽车商务人员的自身准备是指汽车销售顾问、服务顾问每天在上班前所进行的个人方面的要求。每次上岗之前,只有做好了自身的准备,才能为其他方面的工作奠定扎实的基础。

(1)良好的精神风貌。在正常情况下,汽车商务人员应尽可能进行充分的休息,以保证工作期间能有充足的体力、旺盛的精力和饱满的热情来完成本职工作。

(2)仪容仪表。汽车商务人员在进行岗前准备是对自己的仪容、仪表进行整理检查。服务人员的外表出现了问题,会令人感觉缺乏职业精神。

(3)提前到岗。汽车商务人员应每天准时上班,需要进行换班、换职业装的情况下,应尽量提前到岗,以便做好岗前交接、准备工作。避免出现无故旷工、迟到的现象。

2)环境准备

环境准备,是汽车展厅销售的岗前准备中非常重要的环节。在进行汽车展厅环境准备工作时,应注意规范店容店貌。

(1)注意店内卫生及周围卫生,包括汽车展厅、洽谈区、接待区、维修区等各区的卫生和清洁。

(2)注意展车的位置摆放及清洁:展车的摆放应执行最新发布的展厅展车布局方案;展车摆车时应考虑到颜色和主题层次(如:新品上市、热卖车型、促销车型),尽可能做到款式齐全;主展台上摆放主推车型,建议为最高配置;展厅内不得有其他品牌轿车、配件、附件和宣传物品;在展车的外部应除去新车油漆保护膜;展车表面应做到远看无灰尘,近看无手印;确保展车电瓶电量充足;展车前后牌照位置应放置标准车牌,展车旁边放置相应配置和价格表。

3)工作准备

在汽车商务人员所做的各种岗前准备中,工作准备是最重要的,因为它与直接面对客户的服务工作密切相关。

(1)更换工装。目前,很多汽车4S店都有员工统一着装的规定。因此,在正式上岗之前,必须按照规定更换服装。展厅接待人员良好的职业着装,可以增加顾客对工作人员的信任感。同时显示了对顾客的尊敬和对细节的注重,给顾客良好的第一印象,从而提升顾客满意度,如表3-1所示。

表 3-1 汽车商务人员的仪容仪表自检

项 目		内 容
仪表	工作牌	佩戴在胸前左上方口袋上方 2cm 处
	西装	熨烫整齐,定期进行更换清洗
		扣子:中间一颗扣子或上面两颗可扣,最下方扣子不扣
		口袋:不放重物,不鼓胀
	衬衣	每日更换清洗;外露外套上衣袖口 1~2cm
	领带、丝巾	衬衫、领带、丝巾和西服搭配和谐
	鞋袜	皮鞋擦拭干净明亮;男士皮鞋为系带款式,颜色为黑色;女士皮鞋为船型皮鞋,颜色为黑色
		男士袜子为黑色;女士袜子为肤色或黑色
仪容	头发	精心梳洗,无染色;女士为马尾或圆髻
	指甲	干净整齐

(2)辅助工具。

① 销售工具包:黑色水笔或钢笔、便签纸、个人名片、计算器、公司品牌下产品宣传单页;最新的关于公司品牌的媒体正面报道(含报纸、杂志、网络等相关报道);客户信息卡、试乘试驾路线图、试乘试驾协议书、产品报价单、产品销售合同等文件资料;汽车保险相关材料和相关文件等。

② 办公用具的准备:线路畅通的电话座机和运行良好的电脑系统;可以使用的、频道一致的对讲系统。

③ 接待用具的准备:颜色、式样一致的接待用伞。

2. 引导礼仪

当客户来到汽车 4S 店之后,在接待客户的过程中,会遇到很多不同的路况,如何引导客户进入展厅进行参观,进入洽谈区进行合作洽谈,到休息区进行等待,这就需要掌握引导及位次礼仪。

1)上下楼梯的引导

(1)引导顺序:上下楼梯时,应注意顾客的安全问题。引导客户上楼时,接待工作人员应让顾客走在前面,自己走在后面;若是下楼时,应该由接待工作人员走在前面,顾客在后面。

(2)注意事项:上下楼梯时,应避免交谈,更不能站在楼梯上进行交谈,以免妨碍他人通过;在上下楼梯时,应注意与身前、身后的人保持一定的距离,以免造成拥挤。

2)乘坐电梯的引导

电梯是商务人士每天必乘的"交通工具",在封闭狭小的空间里,必须遵守乘电梯的礼仪。

(1)引导顺序:引导顾客乘坐电梯时,接待人员先进入电梯,按住电梯开关键,同时挡住电梯门,等顾客进入后关闭电梯门;电梯到达时,接待人员按住电梯开关键,同时挡住电梯门,请顾客先走出电梯,接待人员后出电梯。

(2)注意事项:在电梯内,如太拥挤,尽量避免与顾客面对面或背对背站立,需保持一定的角度。

3)休息区、洽谈区的引导

(1)引导顺序:顾客进入休息区、洽谈区时,接待工作人员用手指示,请客人坐下,客人坐下后,在征询顾客同意后可坐在顾客边上的座位,或行点头礼后离开。如客人错坐下座,应请客人改坐上座,一般靠近门的一方为下座。

(2)注意事项:如需出入房间时,要用手轻推、轻拉、轻关,不能用身体的其他部位代劳;进入房间时如已有人在房间内,应始终面朝对方,不能反身关门,背向对方。

3. 位次礼仪

位次,一般是指人们或其使用之物在人际交往中彼此之间各自所处的具体位置的尊卑顺序。在正常情况下,位次的尊卑顺序早已约定俗成,并广为人们接受和看重。讲究位次的安排,是对顾客的敬重、友好之意的具体体现方式。

在不同的情况下,位次的安排的具体做法往往互有不同。

1)会客

会客,一般也叫会见、会面等,指的多是礼节性、一般性的人与人之间的互相见面,如有客户到公司来进行商务会谈等。

在会客时,多采用宾主双方面对面的方式就座。这种方式主次分明,多适用于公务性会客。

(1)双方就座时,一方面对正门,另一方背对正门。面对正门的位置为上座,宜请客人就座;背对正门之处为下座,宜由主人就座,如图3-5所示。

(2)双方就座时,室内有办公桌,双方分别就座于办公桌两侧,面对面就座。此时,进门后右手边为上座,应让客人坐于上座;左侧一方为下座,应由主人就座,如图3-6所示。

图3-5 相对式会客排位(1)

图3-6 相对式会客排位(2)

2)乘车

乘坐交通工具(轿车)时,位次的尊卑以座位的舒适和上下车的方便为标准。当主人驾车时,其排位自高而低依次应为:副驾驶座、后排右坐、后排左座、后排中坐;当专职司机驾车时,其排位自高而低应为:后排右坐、后排左座、后排中坐、副驾驶座,如图3-7和图3-8所示。

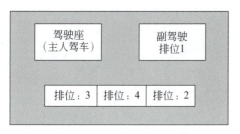

图 3-7　轿车位次排序表（主人驾驶时）

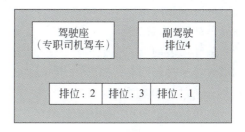

图 3-8　轿车位次排序表（专职司机驾驶时）

4. 奉茶礼仪

茶文化是人们在饮茶过程中所产生的文化现象和社会现象。狭义的茶文化特指人类创造的有关茶的"精神文化"的部分，如茶史、茶诗、茶画、茶道、茶艺等，其中核心的部分当属茶道和茶艺；广义的茶文化是指人类在社会历史过程中所创造的有关茶的物质财富和精神财富的总和，主要是由物态文化、制度文化、精神文化和行为文化四个层次组成。

我国是一个有五千年灿烂文明史的国家。中国人最早发现和利用茶，茶最早是做食用和药用的，作饮用则稍晚。史书中关于茶的最早记录与利用是在《神农本草经》。源远流长的中华茶文化一向以其深刻的内涵、鲜明的风格著称于世。茶文化与社会经济、文化艺术、宗教哲学、民俗礼仪、医药养生等很多方面都有密切的联系，成为中华文明长河的一条支流，对世界茶文化的形成和发展起着主导和推进作用。中国茶文化在漫长的发展历史中，不断融入和汲取世界其他民族的优秀文化精髓，并在自身民族文化巨大而深远的背景下逐步走向成熟。中国茶文化以其独特的审美情趣和鲜明的个性风格，成为中华民族灿烂文明史的一个重要组成部分。

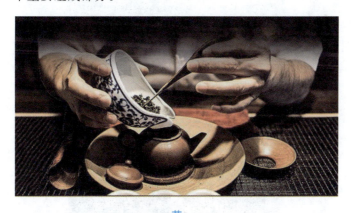

茶

图片来源：御茶居品牌官网

中国人习惯以茶待客，并形成了相应的饮茶礼仪。按照我国传统文化的习俗，敬茶与饮茶都是不可忽视的环节。

1）茶叶的选择

茶具有良好的风味及一定的营养、保健作用，都是基于茶叶中含有多种对身体有益的化学成分，茶叶的品质高度主要通过成茶的外形、色泽、香气、汤色、滋味、叶底来衡量。茶叶中成分含量的多少和组成比例会直接影响成品茶叶的品质。但茶树因品种、季节、采摘标准不同,其内含成分会有所不同。

茶叶命名的方式有很多种,一般依据茶叶形状、色香味、品种、产地、采摘加工技术、包装形式等来进行命名。茶叶的基本分类为:绿茶、黄茶、白茶、青茶(乌龙茶)、红茶、黑茶六类。通过后期其他工艺进行的再加工茶有:花茶、速溶茶、药用茶、茶膏等。

在接待的过程中,应根据顾客的习惯多准备几种茶叶,使客人可以有多种选择。

2) 上茶的顺序

以茶待客时,由何人奉茶,奉的顺序涉及对来宾重视的程度。在汽车销售展厅接待的过程中,一般由销售顾问为顾客上茶。上茶的先后顺序以上茶者为起点,由近及远依次上茶;或以进入客厅之门为起点,按顺时针方向依次上茶。

3) 敬茶的方法

(1) 一般接待过程中,应当事先将茶沏好,然后放在茶盘内端入洽谈区或休息区;

(2) 上茶时,双手端着茶盘进入洽谈区或休息区,首先将茶盘放在临近顾客的茶几或备用桌上,右手拿着茶杯的杯托,左手附在茶杯底部,从顾客侧方双手将茶杯递上去。尽量避免从其正前方上茶。同时告之:"请您用茶。"

(3) 注意事项:敬茶时,用双手递上茶杯,避免使用单手;双手奉茶时,避免将手指搭在茶杯杯口,或将手指浸入茶水中;放置茶杯时,避免碰撞,造成倾洒,如图3-9所示。

图 3-9 敬茶的方法

4) 续茶的方法

在接待的过程中,要为客人勤斟茶,勤续水,斟茶到杯深的2/3处为宜;为客人续水斟茶时,以不妨碍对方为佳,尽量避免在其正面操作。

5. 接待中的注意事项

（1）接待人员要品貌端正，举止大方，口齿清楚，具有一定的文化素养，能够准确地接收了解顾客传达的信息和要求。

（2）如果来访者是预先约定好的重要客人，则应根据来访者的地位、身份等确定相应的接待规格和程序。接待人员对来访者，一般应起身握手相迎，对上级、长者、客户来访，应起身上前迎候。

（3）在接待的过程中，要认真倾听来访者的叙述。在办公室接待一般的来访者，谈话时应注意少说多听，最好不要隔着办公桌与来人说话。对来访者反映的问题，应作简短的记录。

（4）如果自己有事暂不能接待来访者，或正在接待来访者时，有电话打来或有新的来访者，应安排其他销售顾问、服务顾问或其他人员接待客人，以避免中断正在进行的接待。

（5）如果要结束接待，可以婉言提出借口，如"对不起，我要参加一个会，今天先谈到这儿，好吗？"等，也可用起身的体态语言告诉对方就此结束谈话。

3.2.2 汽车商务拜访礼仪

在商务活动中，时常需要到客户公司进行拜访，广泛开展业务，发展新客户，巩固老客户，不断加强联络，沟通感情。拜访工作要想达到预期效果，则需要遵守一定的礼仪惯例和规范。

1. 拜访准备

（1）拜访前要预约。拜访前需和对方约定好时间、地点。约定好之后不能失约，要按时到达，不要迟到，以免对方着急。也不宜提早太多时间到，以免对方来不及进行准备。如确实因特殊原因不能如约前往，要及时向对方说明情况，另行约定时间。

（2）熟悉拜访所在地的交通情况，提前制订好拜访计划，以提高办事效率。

（3）准备好足够的名片。

（4）准备好需要用到的资料及宣传页。

（5）准备好适宜的礼品，并精心包装。

2. 拜访时的仪容和仪表

整洁的着装反映了是否对访问者的尊重。出门拜访前，应根据访问的对象、目的等，对着镜子将自己的衣物、容貌进行适当的修饰。如拜访的地点为对方的办公区域，应着正装或拜访者所在单位的制服进行拜访。正式的着装代表了拜访者所在单位的形象，制服作为所在单位的公关识别系统的重要组成部分，能让被访问者感受到你所在单位的良好企业文化，从而对你的单位有良好的印象，愿意与其合作。

3. 拜访中的注意事项

（1）到达时，告诉接待员或助理你的名字和约见时间，并递上名片。等待的过程中，尽量保持安静，不打扰其他人员的工作。有抽烟习惯的人，要注意观察该场所是否有禁止吸烟的警示。如果等待时间过久，可向有关人员说明，并另定时间，不要显现出不耐烦。

（2）当被引导至约见者办公室时，一定要用手轻轻敲门，经允许后方可进门。

（3）进屋后应待主人安排指点后坐下。后来的客人到达时，先到的客人应该站起来，等待介绍。

（4）到办公室拜访，应尽早将话题转到正题上来，简要说明来意，待对方表示同意并达到目的后，应及时告辞，以免影响对方工作。与接待者的意见相左，不要争论不休。对接待者提供的帮助要致以谢意，但不要过分。要注意观察接待者的举止表情，适可而止，当接待者有不耐烦或有为难的表现时，应转换话题或口气。

（5）拜访结束时，应礼貌告辞。告辞时要同主人和其他客人一一告别，说"再见""谢谢"，对拜访成功的结果表示满意，对对方的热情接待表示感谢，对进一步接触表示信任和诚意。

3.3 汽车商务宴请礼仪

3.3.1 正式宴请礼仪

1. 正式宴请的分类

正式宴会是国际国内社会交往中一种通行的较高层次的礼仪形式，常用于庆祝节日、纪念日，表示祝贺、迎送贵宾等事项，可以表示祝贺、感谢、欢迎、欢送等友好感情，通过宴会可以协调关系，联络感情，消除隔阂，增进友谊，加强团结，求得支持，有利于合作等。正式宴请就其性质分类，一般可分为两种。

（1）礼仪性宴请，即为欢迎国宾来访，庆祝国庆等重要节日而举行的宴请，这种宴请属于礼仪上的需要，是一项有礼宾规格和必要的礼宾程序的礼仪活动。

（2）交谊性的宴请，为表示友好、发展友谊而举行的宴请，如接风、送行、告别宴请。宴请中气氛热烈、亲切、友好，能达到发展友谊的目的。

2. 正式宴请的形式

正式宴会分为晚宴、午宴、早宴。早宴的目的是希望在餐宴结束后，受邀人仍有时间外出购物，办理其他事物。午宴对餐桌礼仪及赴宴者的穿着要求并不严格，因此身着便服赴宴即可。晚宴一般都较为正式，赴宴者应依宴会正式的程度注意自己的言行举止与衣着。通常，官方场合、商业的正式晚宴必须盛装赴宴。冷餐、自助餐和酒会有时被统称为招待会，可根据举行活动的目的、性质。规模、参加人数以及其他有关条件，并参照当地习惯，选择运用，妥善安排，以期达到较好的效果。正式宴请的形式有多种，常见的有宴会、冷餐会和酒会等。

3. 正式宴会的组织筹备

正式宴会具有很重要的礼仪作用，有严格的礼仪要求，所以主办单位一定要认真、周到地做好各种准备工作。

1) 明确对象、目的、形式

正式宴请的目的是多种多样的，可以是为表欢迎、欢送、答谢，也可以是为表示庆贺、纪念，如汽车4S店为答谢客户举办宴会。因此，明确宴请的对象，主宾的身份、国籍、习俗、爱好等，宴请的范围，以便确定宴请的规格、主陪人、餐式等；根据宴会的规格、对象、目的，确定宴会的形式为正式宴会、冷餐会、酒会、茶会等形式。

2) 正式宴请的时间、地点

主人确定正式宴会时间，应从主宾双方都能接受来考虑，一般不选择重大节日、假日，也不安排在双方禁忌日。选择宴会的日期，要与主宾进行商定，再发出邀请。正式宴请的地点，也要根据规格来考虑。

3) 邀请

正式宴会一般会正式发出邀请，如使用请柬。请柬中应包括：活动的主题、形式、时间、地点、主人姓名。一般于宴会前两周发出。

4) 正式宴席安排

（1）根据宾客的饮食习惯、禁忌拟定相应的菜单、用酒。

（2）席位安排。

正式宴会一般会事先安排好桌次和座次，以便参加宴会的人都能各就各位，入席时井然有序，席位的安排也体现出对客人的尊重。

在中餐中桌次地位的高低，以距主桌位置的远近而定。以主人桌为基准，右高，左低，近高，远低。座次的高低，以主人的座位为中心，主宾安排在主人的右手位置。主人方面的陪客，尽可能与客人相互交叉，便于交谈交流。席次确定后，座位卡和桌次卡放在桌前方。

在西餐中，位置的排列与中餐有一定区别。西餐一般使用长桌。在宴席中，每个人入座或离座，应从座椅的左侧进出。举行正式宴会时，座席排列按国际惯例：桌次的高低依距离主桌位置的远近而右高左低，桌次多时应摆上桌次牌。同一桌上席位的高低也是依距离主人座位的远近而定。

4. 赴宴的礼仪

1) 赴宴前的礼仪

（1）请柬的处理。

接到宴会的请柬，应及早回复主人；接受邀请后不要随意更改，若不能赴宴，需向宴会主人讲明原因并致歉。

（2）合适着装、化妆。

赴宴之前，应把自己打扮得整齐大方。宴会中宾客众多，一般正式的宴会要求着正装、礼服，女士应化妆。

（3）准时赴宴。

赴宴一定不能早到，以防主人还未做好迎宾的准备。赴宴时应考虑是否携带礼品、鲜花等礼品送给主人；出席宴请活动，携带足够的名片，方便认识新人，以后互相联络。

2）就餐的礼仪

（1）宴请的开始：中式宴会一般是以主人举杯致辞并提议大家干杯，并以此宣告宴会开始；西式宴会是以主人打开餐巾为标志。看到主人打开餐巾，作为客人即可以开始用餐。

（2）餐巾的使用：餐巾的使用，主要是防止食物玷污衣服，也可以用来擦手上或嘴上的油渍。餐巾纸是一种简便的代用品，也具有餐巾的某种用途。

在正式宴会上，客人需要待主人拿起餐巾时，自己方可拿起餐巾。打开餐巾后，应摊放在自己腿上，以能接住可能掉落的食物为宜。如临时离座，应将餐巾折好放在桌上，不要随意揉成一团。用餐后可用餐巾擦拭嘴角或手。

（3）饮酒的礼仪。

① 品饮：酒类服务通常是由服务生负责将少量酒倒入酒杯中，在品饮的过程中，用手指轻握杯脚，避免因手的温度使酒温增高。

② 中餐选酒、用酒：选酒前应请客人自己选酒，在开封前请客人确认，确认无误后方可开封斟用。中餐宴席一般会选用乙醇含量较高的烈性酒，如白酒；或乙醇含量较低的果酒，如葡萄酒；或配饮啤酒。根据宾客习惯不同，可选用果汁、矿泉水等。中餐饮酒的杯具可一次性摆放于餐台上，常规的斟酒时间在宴会开始前，以便主人入席即可举杯祝酒。

③ 西餐选酒、用酒：西餐引用的酒品是以菜肴的品种而定，不同的菜品搭配不同的酒品和酒杯，有严格的规定。在斟倒葡萄酒时，应先将酒注入主人酒杯内约 1/5 量，请主人品评酒质，待主人确认后再按顺序进行酒水的斟倒。红酒的品用应预留足够的醒酒时间。

3.3.2　工作餐礼仪

工作餐，也称为商务聚餐，是指在商务交往中具有业务关系的合作伙伴，为进行接触、保持联系、交换信息或洽谈生意，借用餐形式进行的一种商务聚餐。工作餐重在创造出有利于商务人员进一步接触的轻松、愉快、和睦、融洽、友好的氛围，以餐会友，实质上是改头换面的非正式商务会谈。

就参与人数而言，工作餐通常与声势浩大的宴会或会餐难以相比。因其重在处理实际问题，实际参与人数往往较少，以双边性聚会为主。工作餐通常安排在工作日的午间，利用工作的间歇举行。主人不必向客人发出正式的请柬，客人也不必因此提前向主人正式进行答复。

工作餐具有会晤客户、接触同行、互通信息、共同协商、洽谈生意等作用，因此在工作餐的操作中，要认真、周到地做好各种准备工作。

1. 工作餐的组织筹备

决定工作餐时，依照常规由主人负责将确定的时间、地点、人员、议题等通报给其他人员。对于重要的人士，由主人亲自相告。若无特殊原因，出席工作餐的人员一经确定，并正式通知之后，不宜临时再增加。万一需要增加时，要先征得客人同意。

2. 工作餐安排

1) 就餐的座次

工作餐是非正式的商务活动,因此座次的要求不太严格。一起共进工作餐的人士应当在同一张餐桌上就餐,尽量不要分桌就餐;分桌就餐时,无主桌与次桌之分。在餐桌上就餐时,可自由就座。

2) 菜肴的选择

与宴会、会餐相比,工作餐要求吃饱,而不刻意要求吃好。因此,工作餐上的菜肴不必过于丰盛,应以简单为要,清淡可口。为不耽误工作,工作餐一般不选用烈性酒。同时,全体就餐者应自觉地禁烟。

3. 用餐的注意事项

(1) 在用餐时,需要等主人、上宾入座后,由主人举杯示意开始后,方可开始用餐。

(2) 用餐的过程中,要细嚼慢咽,动作文雅,不要发出不必要的声音。尤其需要注意筷子的使用:等待就餐时,不能拿筷子随意敲打碗杯;用餐途中因故需暂时离开时,要把筷子轻轻搁在桌子上或餐碟边,不能插在饭碗里;在夹菜或说话时,不要把筷子当道具,在餐桌上挥舞,也不能与他人交叉夹菜。

(3) 用餐结束后,可以用餐巾、餐巾纸擦嘴。待主人示意结束后,方可离席。

3.4 汽车商务馈赠礼仪

中国人一向崇尚礼尚往来。在现代交往中,馈赠礼品是沟通人际关系的润滑剂,是商务社交活动的重要手段,作为一种非言语的交际方式,成功的馈赠行为,应当能够借此恰到好处地向受赠者表达自己的友好、敬重或其他某种特殊的情感。

3.4.1 馈赠礼品的选择

馈赠礼品是沟通人际关系的润滑剂,无论好友还是合作伙伴,互相馈赠礼品都能增进彼此的感情,是社会生活中不可或缺的交往内容。送礼是表示尊敬、友好,因此礼品重纪念、重情谊而不重价值。

在馈赠之前,要对礼品进行认真选择,最好的礼品是能让对方得到意外的惊喜的礼品,在选择礼品时可考虑以下几点。

1. 公用礼品

公用礼品就是在办公室里大家公用的礼品,如日历、笔、相框、书签、商务书籍、钥匙扣等。作为汽车4S店赠送客户,可选择印有公司标志、名称的办公用品。

2. 食品类礼物

食品作为礼物受到普遍欢迎。包装整齐或用密封盒子装的食物非常适合在传统节日作为礼品赠送,如饼干、糖果等。

馈赠礼品

3. 鲜花、艺术类礼物

一般来说,鲜花、艺术类礼物适合每个年龄层的人。鲜花是问候、祝贺、慰问和感谢的象征,有时候人们会把鲜花和某个艺术类礼品放在一起送人,比如精致的花瓶或其他礼品等。如某汽车公司将汽车车牌号码制成普洱茶砖,赠送给新购车的用户。

4. 不适宜的礼品

在选择礼品时应注意,有些礼品是受赠者难以接受的,如违法的物品、犯规的物品、败俗的物品、犯忌的物品、有害的物品、废弃的物品等。

 ## 3.4.2　馈赠的方式

1. 合适的时机

赠送礼品时需选择合适的时机:会谈、会见、访问等活动中,在活动快结束前赠礼;一般由最高职位的人代表赠送礼品;依次由级别地位高者向级别地位低者赠送;赠送时应双手奉献,同时说一些祝愿的话,以表明赠礼的目的。

2. 礼品的包装

把礼品精美地包装起来,是表示送礼人把送礼作为很隆重的事,以此表达对收礼人的尊敬;另外,收礼人不能直接看到礼品,会使他产生好奇心。精美的礼品包装,加深了对送礼人的好印象,起到了增进关系的作用。

礼品的包装选择应注意包装纸的图案、颜色、缎带的选择等,注意尊重受礼人的文化背景、风俗习惯和禁忌。

 ## 3.4.3　受礼的礼仪

作为受赠者,在接受礼品时,有一些注意事项必须了然于胸,并认真遵守。不可以对他人的礼品漠然无视,也不宜在接受礼品时行为失当。在一般情况下,对于他人诚心相赠的礼品,是应欣然笑纳的。接受他人赠品之时,对下列五个细节问题应予以认真对待,而不允许疏忽大意:神态专注、双手捧接、认真道谢、当面拆封、表示欣赏。

有的时候,出于种种原因,不能够接受他人所赠送的礼品。在拒绝时,一定要讲究方式、方法,处处依礼而行。符合社交礼仪的拒收礼品的方法有以下三种,在操作中可以酌情选择、见机行事:婉言相告法、直言缘由法、事后退还法。

在人际交往中,礼尚往来,互赠礼品,也是人之常情。依照社交礼仪的规范,在人际交往中选择还礼时,重点需要注意还礼的时间与还礼的形式两个问题。

1. 还礼的时间

选择还礼的时间,要讲"后会有期"。其最佳的时间可以选择:
(1) 适逢与对方馈赠自己时间的机会还礼。
(2) 在对方及其家人的某一种喜庆活动中还礼。
(3) 此后登门拜访之时还礼。

2. 还礼的形式

(1) 可以用对方馈赠之物的同类物品作为还礼。
(2) 可以与对方相赠之物价格大体类似的物品作为还礼。
(3) 可以用某种意在向对方表示尊重的方式来代替还礼。

3.5　技能实训:汽车销售见面礼仪

1. 实训要求及注意事项

(1) 实训期间态度认真,参照教材内容要求,注意实训规范,使用标准话术。
(2) 按实训规定穿好实训服装:男生着西装、衬衣、领带、深色皮鞋;女生着职业装、衬衣、丝巾、黑色皮鞋、丝袜、盘发。
(3) 实训时遵从实训指导教师的安排,未经老师批准,不得擅自离开,开启车辆等。
(4) 注意实训室车辆安全,工作场所、通道保持有序、整洁。实训结束,整理清洁设备和场地。

2. 设备、工具、耗材要求

实车一辆、办公桌、椅子、名片。

3. 实训主要步骤

(1) 将班级人员分组,由实训指导老师带领、指导实训。
(2) 指导教师运用PPT、视频等媒体进行见面礼仪实训的内容讲解,具体内容有:
① 称谓;
② 介绍礼仪:自我介绍、介绍他人;
③ 握手礼仪;
④ 名片礼仪:递送名片、接收名片。

（3）学生模拟练习。

每3人组成一个小组，设置汽车商务人员A、汽车商务人员B、客户C三个角色，学生自行选择扮演相应的角色，模拟练习见面礼仪。

剧情设计：

客户C想买一辆家用轿车，上午10点，他来到中锐汽车销售公司……

汽车商务人员A："先生您好！欢迎光临中锐汽车销售有限公司！"

客户C："您好！"

汽车商务人员A："请问您贵姓？"

客户C："免贵姓王。"

汽车商务人员A："王先生您好！我是销售顾问A，这是我的名片，很高兴为您服务。"

双手向客户递上自己的名片，名片信息正面朝向客户。

同时，向顾客索要名片，双手接过客户的名片，仔细阅读并复诵名片信息，之后妥善保存好客户的名片。

交换名片之后，伸出右手，上半身向前倾15°，与客户握手。

汽车商务人员A在了解客户C的基本信息及购买需求后，向客户C介绍汽车商务人员B："王先生您好！这位是我们的销售顾问B；他将带您了解车辆的具体信息。B，这位是我们的客户王先生。"

汽车商务人员B："王先生您好！我是汽车销售顾问B，很高兴为您服务！这是我的名片。"

双手向客户递上自己的名片，名片信息正面朝向客户。

同时，向顾客索要名片，双手接过客户的名片，仔细阅读并复诵名片信息，之后妥善保存好客户的名片。

交换名片之后，伸出右手，上半身向前倾15°，与客户握手。

汽车商务人员B："王先生，您的需求我们已经了解了，我们可以到洽谈区坐下慢慢聊，请您这边走。"

小组演练完毕之后，组内角色互换，再次进行模拟练习。

3.6 技能实训：汽车销售接待礼仪

1. 实训要求及注意事项

（1）实训期间态度认真，参照教材内容要求，注意实训规范，使用标准话术。

（2）按实训规定穿好实训服装：男生着西装、衬衣、领带、深色皮鞋；女生着职业装、衬衣、丝巾、黑色皮鞋、丝袜、盘发。

（3）实训时遵从实训指导教师的安排，未经老师批准，不得擅自离开、开启车辆等。

（4）注意实训室车辆安全，工作场所、通道保持有序、整洁。实训结束，整理清洁设备和场地。

2. 设备、工具、耗材要求

实车一辆、接待台、办公桌、椅子、一次性茶杯、销售工具包、销售资料。

3. 实训主要步骤

（1）将班级人员分组，由实训指导老师带领、指导实训。

（2）指导教师运用PPT、视频等媒体进行见面礼仪实训的内容讲解，具体内容有：

① 接待前准备：自身准备、环境准备、工作准备等；

② 引导礼仪；

③ 位次礼仪；

④ 奉茶留意。

（3）学生模拟练习。

每3人组成一个小组，设置汽车商务人员A、汽车商务人员B、客户C三个角色，学生自行选择扮演相应的角色，模拟练习汽车销售接待礼仪。

剧情设计：

上午10点，客户C来到了中锐汽车销售公司。今天，他将与销售顾问商谈购买轿车的具体事宜……

汽车商务人员A："您好！欢迎光临中锐汽车销售有限公司！我是销售顾问王朋，很高兴为您服务！请问有什么可以帮助您？"

客户C："您好！我找销售顾问王朋，聊聊买车的事情。"

汽车商务人员A："好的，稍后我通知王朋。请您先到洽谈区稍作休息，请您这边走。"

同时上身前倾15°，站在客户侧前方，伸出右手，引导客户走向洽谈区。

客户进入洽谈区时，汽车商务人员A用右手示意，请客人坐下。客人坐下后，在征询顾客同意后可坐在顾客边上的座位，或行点头礼后离开。

汽车商务人员A将茶沏好，放在茶盘内端入洽谈区。上茶时，先将茶盘放在临近顾客的茶几或备用桌上，右手拿着茶杯的杯托，左手附在茶杯底部，从侧方双手将茶杯递上去，向客户C说："王先生您好！请您用茶。"

汽车商务人员B："王先生您好！我是昨天与您电话联系的销售顾问王朋，很高兴为您服务！"

客户C："你好！我今天来想了解下昨天说的Z1车型的购买是怎样的？"

汽车商务人员B从销售工具包中拿出销售资料，对客户C说："王先生，这是您昨天电话里提到的Z1车型的具体资料，我已经为您准备好了，请您先过目。"

也可邀请客户再次观赏Z1车型，向客户C说："王先生，现在咱们展厅就停放了一辆Z1型车，不知道您是否有兴趣感受一下，我可以为您介绍。请您这边走。"

复习与思考

1. 判断题

（1）在商务活动中，涉及多人介绍时，应由东道主、长者、女主人、身份较高者或与被介绍者与被介绍的双方均有一定交情者担任介绍人。（   ）

（2）在握手中，应采用站姿进行握手。（   ）

（3）在汽车4S店中，需进入房间时，可用手或身体其他部分轻推、轻拉、轻关房间门。（   ）

（4）在会客中，室内左手边为上座，应请客人坐于上座；右侧一方为下坐，应由主人就座。（   ）

（5）工作餐，也称为商务聚餐，具有会晤客户、接触同行、互通信息、共同协商、洽谈生意等作用。（   ）

2. 选择题

（1）在工作中进行自我介绍时，应包括（   ）。
　　A. 本人姓名　　　B. 供职单位　　　C. 供职部门　　　D. 职务
　　E. 从事的具体工作

（2）在引导客户上楼梯时，销售顾问应走在客户（   ）方，下楼梯时，应走在客户（   ）方。
　　A. 前方　　　B. 后方

（3）乘坐交通工具中，当有主人驾车时，其排位自高而低依次应为（   ）、（   ）、（   ）、（   ）；当专职司机驾车时，其排位自高而低应为（   ）、（   ）、（   ）、（   ）。
　　A. 副驾驶座　　B. 后排右坐　　C. 后排中坐　　D. 后排左座

（4）在向客户赠送商务礼品时，可选择（   ）。
　　A. 普洱茶　　　B. 鲜花　　　C. 钥匙扣　　　D. 钟表

3. 思考题

（1）在汽车商务接待中，作为汽车销售与服务顾问，应如何向顾客进行自我介绍？
（2）介绍的顺序是怎样的？
（3）接待与拜访中的准备工作有哪些？
（4）宴请的注意事项有哪些？
（5）向客户赠予礼品需注意什么？

模块 4

汽车商务服务礼仪

◎ 学习目标

1. 知识目标
（1）了解日常沟通交流的规范、技巧；
（2）熟悉商务文书沟通规范；
（3）掌握电话沟通规范；
（4）掌握售后回访的流程、内容；
（5）掌握投诉处理的流程、内容。

2. 能力目标
（1）学会汽车商务沟通过程中的规范及技巧，能够独立完成与客户的沟通、谈判；
（2）对客户进行售后回访；
（3）正确处理客户投诉。

◎ 案例导入

　　王红和李明在中锐汽车销售公司工作已经三个月了。作为汽车销售顾问的王红通过积极的学习，售出了第一辆中锐汽车。她是如何与客户沟通促成交易的呢？李明作为汽车服务顾问，需要时常向客户进行回访。今天，他遇到了客户的投诉，他将如何处理呢？

◎ 学习方案

（1）通过与客户的交流，促成销售；
（2）结合客户回访流程要求，对客户进行售后回访；
（3）结合投诉处理流程要求，正确处理客户投诉。

拓 扑 图

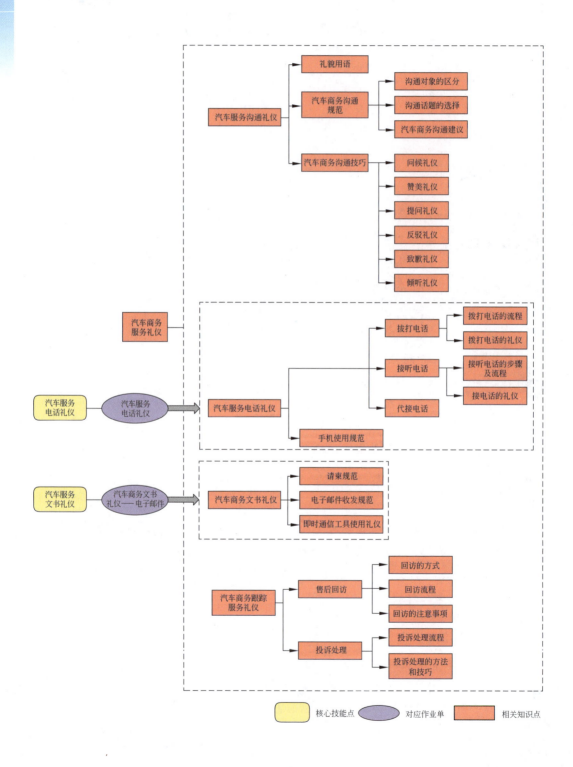

模块 4　汽车商务服务礼仪

 4.1　汽车服务沟通礼仪

语言是人类所特有的用来表达思想、交流情感、沟通信息的基本工具,愉快的交谈可使人身心愉悦,增强了解,增进友谊。对于汽车商务人员来说,合适的言谈可以拉近与客户之间的距离,促进生意的成交,自身的表达能力、语言的运用既体现着自身的服务水平,也体现了所在单位的精神风貌。

 4.1.1　礼貌用语

礼貌用语是人类文明的标志。一个国家的人们能否正确使用礼貌用语,在一定意义上标志着这个国家的文明程度,反映这个民族的精神风貌。

(1) 问候用语:"您好!""你好!""上午好!""下午好!"。

例:王先生您好!

(2) 迎送用语:"欢迎您!""欢迎光临!""再见!""您请慢走!"。

例:您好!欢迎光临中锐汽车销售公司!

(3) 致谢用语:"谢谢您!""非常感谢!""多谢您!"。

例:再次感谢您对中锐汽车公司的信任!

(4) 请托用语:"请!""请您关照!""拜托您!"。

例:……为了提高我们的服务质量,不知能否占用您一点时间,请您为我们的销售服务做一个满意度跟踪回访。

(5) 道歉用语:"非常抱歉!""对不起!""请原谅!""打扰您了!""失礼了!"。

例:

① 王先生您好!希望我的电话没有打扰您!

② 张先生您好!很抱歉打扰您。我是中锐汽车销售公司销售顾问李明。

(6) 征询用语:"请问有什么事情?""请问有什么可以帮您?"。

例:

① 您好!这里是中锐汽车销售公司,我是销售部李明,请问有什么可以帮您?

② 如果您方便的话,我建议您亲身感受这款车的真正魅力所在,您看明天还是后天有时间,由我来安排您试乘试驾……

 4.1.2　汽车商务沟通规范

在汽车销售或售后服务的过程中,我们需要通过各种形式的交谈来了解消费者的真实需求,拉近与消费者之间的距离,增进与消费者之间的感情。最常用的形式是闲谈。在闲谈中,人数不做限定可以在两人之间进行,也可以在多人之间进行;主题可以是有主题的,也可以是无主题的,自由度较大,随意性强。

1. 对象的区分

根据客户的行为类型,可将到店进行购车的客户分为主导型、分析性、社交型,不同类

汽车商务沟通

型的客户需采用不同的沟通技巧。

1)主导型

主导型客户通常比较自信,在言语上具有独断性、攻击性,在交流中声音较大、语言生动、肢体语言、眼神交流较多,在交往中希望得到他人的尊敬。

2)分析型

分析型客户通常比较理性,对细节比较关心。在购车前他们已经做好了非常充分的准备和分析,在交流中话语较少,眼神、肢体语言都相对较少。他们更希望在交谈中能获取到有实用价值的答案,希望销售顾问针对各个问题作出详细的回答。

3)社交型

社交型的客户在做购买决定时,往往是偏感性的,需要获得他人支持。在交流中态度友好,性格开朗,对其他事情很感兴趣。在交往中希望得到支持与回应,享受轻松愉悦的环境。

2. 沟通的话题

交谈的话题,是谈话的中心内容。话题的不同会影响相互关系的发展,在话题的选择中应注意把握客户的性格、心理、年龄、身份、类型等,引起客户共鸣。适宜的话题有电影、电视、旅游、天气、书籍等。在沟通中最好选择客户关心的话题,自己切忌不懂装懂,班门弄斧。

在交谈中,应避免涉及个人隐私问题,如年龄、收入、婚否等;捉弄别人、非议旁人、令人反感、格调不高的话题容易引起客户的反感,最好能够避免。尤其应注意在沟通中,应避谈国家机密、行业机密等。

在汽车销售与服务的过程中,客户希望汽车商务人员能够提供多方位、多层次的服务,因此作为汽车商务人员,应在日常的生活和工作中,培养多种兴趣爱好,一方面容易拉近与顾客距离,另一方面有助于更好地了解和理解顾客需求。同时多关心时事、了解时尚话题,注重知识的综合积累,帮助在与客户接触时能找到与客户共同感兴趣的话题,如体育、旅游、财经、时尚、美容等方面的信息,以便有针对性地与顾客沟通。

3. 汽车商务沟通建议

1）预约客户

致电客户时，应先向客户进行简短的自我介绍，说明自己的姓名，自己所在公司的名称、部门、职位等。同时向客户确认客户姓名及信息。

"您好！请问您是王先生吗？王先生您好！我是中锐汽车销售公司销售部李明，这次来电是……"

"您好！我是中锐汽车销售公司销售部李明，请问有什么可以帮您？……请问女士/先生您贵姓？"

"希望我的电话没有打扰到您。"

2）客户接待

当有客户来到汽车销售门店时，汽车销售顾问应起身迎接，向客户问好，使用姓氏尊称称呼客户，并询问客户是否是第一次来展厅。

"……女士/先生您好！欢迎光临中锐汽车销售公司！我叫李明，很高兴为您服务，请这边走。"

"……女士/先生您好！你是第一次来我们展厅吗？"

"……好的，公司准备了冷热饮料，有果汁、咖啡和茶，您想要喝哪种饮料？"

"……如果您想先参观车，我就在这，您需要帮忙的话，只需要招呼一声。不知道您想喝什么饮料，我先帮您端来好吗？"

3）需求分析

"王先生，看您刚才开过来的是一部××车型，看这外观蛮新的，估计没几年吧？……三年了？你一定对车子很爱护，经常保养车子，不知道您这次买车比较注重哪些方面呢？"

"……××是一款非常不错的车，不知道喜欢它的哪些方面呢？您对……价格、颜色、安全……方面有具体的要求吗？"

4）产品介绍

"王先生，您可以坐在主驾上感受一下，我帮您调整一下座椅，您看这样可以吗？"

"王先生，能请您跟我具体说明一下吗？"

5）试乘试驾

"王先生，通过刚才的交谈，我发现您对动力性非常感兴趣。我们现在正好有试乘试驾，我们不妨先试驾感受一下吧，相信您会更加喜欢它带给您的驾驶感受。我现在去帮忙安排试驾车好吗？"

"王先生，刚才跟您聊车，我理解到您比较关注汽车的操控性和动力性。我已经帮忙安排好了同款车的试乘试驾。试乘试驾之前，请您填写一份《试乘试驾协议书》，需要您的驾驶证复印件。我会向您介绍一下试乘试驾的路线。"

"王先生，请您上车！请您系好安全带，我为您介绍相关操作……"

6）报价成交

"王先生，我看您对这辆白色的××车感觉不错，而且您试乘试驾也挺满意的。如果您现在选车，刚好月底就可以提到新车。您看是不是可以现在定下来？"

"王先生，您是准备全额付款还是尝试一下我们新推出的优惠贷款？是否需要向您介绍一下贷款的具体事项。"

"您现在考虑得如何了?"

"我理解您的想法,毕竟买车是一件大事,您多考虑一下是应该的。"

"王先生,这是订车合同,您的资料我已经填上了,您所喜欢的车型、颜色、车价……我已经填好了,请你再核对一下。如果您对条款有需要进一步了解的地方,我可以为您做个详细的说明……"

7) 交车

"王先生您好! 您的爱车已经到店,现准备交车给您。交车时我会为您的爱车做一次全面检查,以确保您的爱车干净整洁、运作正常。交车仪式安排在×年×月×日上午××时进行,不知道您到时是否方便?"

"王先生,这是我们特意为您订制的钥匙扣,印有您的车牌号,请您收下。谢谢您的支持!"

8) 售后回访

"王先生您好! 我是您的销售顾问李明。我想了解一下您对新车使用是否满意? 在使用上有什么问题吗?"

"感谢您对中锐汽车公司的信任和支持! 如果您愿意的话,我们店内有相关活动时,我会邀请您前来参加。"

4.1.3　汽车商务沟通技巧

在汽车商务活动中,汽车商务人员须具有良好的思维能力、清晰的语言表达能力,在谈话中能够控制自己的语音、语速、语调和节奏,保持自己应有的风度,以礼待人。常见的沟通、谈话规范及技巧如下。

1. 问候礼仪

在与他人见面时,适当的寒暄、问候,可以拉近双方之间的距离,为进一步交谈做良好的铺垫。寒暄、问候的主要用途是在人际交往中打破僵局,缩短人际距离,向交谈对象表示自己的敬意,或借以向对方表示乐于与之结交之意。寒暄、问候语因人而异,可长可短,具有简洁、友好与尊重的特征。常见的寒暄、问候语如"您好! 最近忙吗?";涉及个人隐私、禁忌等方面的话语,不宜作为寒暄、问候语。

2. 赞美礼仪

在人际交往中,赞美可以使人感到舒心与振奋,觉得被肯定与被重视,是人际关系中非常重要的润滑剂。

1) 赞美的态度

赞美必须是发自内心,情真意切,真诚向对方发出赞赏。赞美的内容应是对方拥有的、真实的,尤其不能将对方的缺陷和不足作为赞美的对象。

2) 赞美的时机、尺度

在人际交往中,赞美的时机把握非常重要。当发现对方值得赞美的地方,应善于及时大胆的赞美。赞美的尺度,往往直接影响了赞美的效果,恰如其分、点到为止的赞美才是真正合适的赞美。如在引导客户进行车辆介绍时可以称赞客户："看得出您非常关注车辆的动力性、操控性和油耗。正是因为能够满足更多像您这样专业的购车人士……"

3. 提问礼仪

提问是引导话题、搜集客户信息、展开交谈的一个好方法。在客户接待的过程中，因了解的需要，时常会向客户进行提问。提问是需要技巧的，高明的提问方式可以帮助促成交易，也可使被问的一方感到舒畅。在交谈中提问，需注意以下几点。

1）提问的时机

提问时应尽量准确掌握交谈的进程，尽量不要打断交谈，当与客户就一个话题谈得差不多时，可以通过提问来转移话题。如：在车辆介绍的过程中，可向客户提问是否有了解其他品牌的车型，以了解客户的真实购车需求。

2）提问的方式

提问需要切境，即根据被问人的年龄、身份、文化程度、性格等，依据客户的不同类型，以适合提问对象的方式进行提问。在提问的过程中，忌提明知对方不能或不愿意作答的问题，如对方的年龄、个人收入等敏感性、隐私性问题等。

提问的方式可分为开放式和封闭式的提问方式。

（1）开放式提问

开放式提问是不限定对方的回答答案的提问方式。开放式提问可以使客户感到轻松愉快，使汽车商务人员更加有效地了解到客户信息。如：您喜欢什么颜色的车？回答：红色、白色、黑色、蓝色等。

（2）封闭式提问

封闭式的提问方式，是使对方的回答在有限的答案内做出选择，也叫作引导式提问。如：公司准备了冷热饮料，有果汁、茶、咖啡，您想要喝哪种饮料？

3）提问的语言

在提问的过程中，适当运用幽默感，可以使谈话变得轻松愉快。避免使用带有盘问、讽刺性的语言进行提问，特别是在遇到对方没有认真回答问题或其他特殊情况时，应注意控制情绪，不要与他人发生争吵。

4. 反驳礼仪

在人际交往中，时常会遇到双方因某个问题产生意见分歧，为了明辨是非真伪而相互展开争辩，因此，反驳的实质是就思想上、观念上的分歧做出判断，对他人的观点提出否定。

反驳时应考虑到对方的感受，并妥善地加以处理。尽力避免通过激烈争执的方式反驳对方，在交涉辩驳的过程中应采用先肯定后否定的方式，在措辞上力求得体、合乎逻辑，本着商讨问题"对事不对人"、澄清事理、达成共识的原则来进行。

5. 致歉礼仪

在汽车销售与服务的过程中，时常会遇到一些小小的问题，从而引起与客户之间的矛盾。在汽车商务活动中，如果是己方原因打扰、麻烦、妨碍、耽误了别人，应及时向客户进行道歉，可说"对不起""非常抱歉""请您多多包涵""失礼了"等。及时道歉可以消除客户的疑虑,改变客户的看法。如:一位客户到店准备进行汽车保养,进店5分钟后,仍没有服务顾问上前服务。此时,客户抱怨道"你们的人都去哪了?",此时,作为汽车服务顾问,应立即上前,真诚致歉并安抚客户,主动询问客户需求,通过专业热忱的服务改变客户的看法。

6. 倾听礼仪

倾听是一门艺术,是尊重别人的表现,人在社会交往中,不仅要学会交谈,还要学会倾听。

1) 认真倾听

在交谈中,在对方阐述自己的观点时,应该认真听完,如遇到对方说话不连贯或一时忘词等情况,应给予对方尊重,给予足够的时间以缓解这种情况。此时尽量不要打岔或插嘴,以免影响对方情绪。当对方与自己的意见不一致时,应尽量控制情绪,不宜插嘴。如需打断,应适时示意或致歉后插话,插话结束时,应示意对方继续。

2) 态度友好

当别人与你交谈时,应保持谦虚,正视对方以示专注倾听,从而鼓励说话者说下去。当我们与他人交谈时,发自内心地微笑和眼神中流露的热情,是无声的语言。如遇到有意见不合或不同看法时,应保持理智,不要感情用事与人争辩,避免心理上的抵抗情绪。

3) 及时回应

倾听时要专心静听,可以不时通过表情、手势、语言等,如通过"是的""可以""好的,请您继续说下去""您说的对"等语言或通过轻轻点头、示意等动作,向对方表示你在认真倾听。这样可以使对方感受到倾听者的态度,感觉到你对他的话题感兴趣,从而将对话继续下去。

4.2 汽车服务电话礼仪

4.2.1 拨打电话

1. 拨打电话的流程

拨打电话的流程表见表4-1。

表4-1 拨打电话的流程

步骤	动作	建议语言	备注
1	拨打电话的准备工作		预先确认客户个人信息、明确此次通话的目的,准备相应的资料和文件,预测此次通话中出现的情况及对策
2	确认通话对象	"王先生,您好!";"请问您是王先生吗?您好!"	

续表

步骤	动　作	建　议　语　言	备　注
3	问候、自我介绍	"王先生您好！我是中锐汽车销售公司销售部的销售顾问李明。"	
4	说明来电目的	"王先生,您上次来店看车有些匆忙,最重要的'试乘试驾'都没有时间体验,实在可惜。如果您方便的话,我建议您亲身感受下这款车的真正魅力所在,您看明天还是后天,由我来安排您试乘试驾……" "王先生,我再和您确认一下时间是×××、地点是×××、电话是×××,是吗?"	核实重要信息,并复述给对方进行确认
5	结束通话	"麻烦您了,再见!""感谢您对我的工作的支持,再见!"	等待对方放下电话后,轻轻放下话筒,结束通话
6	通话结束后		如在通话中已与对方确认好时间、地点等信息,可向对方发送短信提醒

2. 拨打电话的礼仪

1) 拨打电话的时机

拨打电话时应先考虑对方在这个时间内是否方便接听电话,在别人不方便时拨打电话是十分不礼貌的行为。一般工作电话应选择在工作时间内拨打,最佳时间为 9:00~11:30 a.m.,2:00~5:00 p.m.。除特别重要的事情外,工作电话一般不宜在他人休息、用餐时间进行通话,尤其是节假日、私人时间,影响到他人休息。如一定要进行通话,应先向对方致歉,并询问对方是否方便进行通话。

要提高打电话的效率,还必须在说话时做到简明扼要,不可"煲电话粥"。

2) 拨打电话的准备

作为汽车商务人员,在汽车销售、服务的过程中时常需要与客户进行电话沟通联系。因此在通话之前,应先确认客户的个人信息,如姓名、电话等,同时明确此次通话的目的,预测此次通话中出现的情况和对策,准备好相应工具和材料。工具和材料应包含纸、笔、计算器、客户信息卡、客户购车咨询报告、购车合同、贷款合同、回访记录表、抱怨/投诉处理表等。

拨打电话时,应先做简短的自我介绍,向对方告知自己的姓名、所在单位、部门及职务,同时确认对方的个人信息,确认无误后,再进行对话。

3) 做好记录

在通话的过程中,要集中注意力,做好情况记录,以便后期销售和服务,切忌遗漏。切不可边打电话边与身旁的人交谈,这会使通话中的另一方感受到不被尊重,这是很不礼貌的行为。

4）拨错电话

打错电话号码时,一定要客气地说声"对不起,我打错了。"然后轻轻地挂上电话。

5）他人代接电话

在拨打电话时,可能对方不在或需要他人转接。需要他人转接时,应问好,并且要表示"谢谢!"

另外,因线路的干扰和障碍,即使是很熟悉的人,如果仅说一两句话,仍无法辨别出是谁,因此,说话的速度要比平时慢一点,口齿清晰地把事情说清楚。

4.2.2 接听电话

在汽车商务活动中,使用电话联系客户是必不可少的,为了使通话更加准确地传递信息、更好地赢得客户的信任和好感,汽车商务人员接听电话时应遵从一定的电话礼仪和要求。

1. 接听电话的步骤及流程

接听电话的步骤及流程见表4-2。

表4-2 接听电话的流程

步骤	动作	建议语言		备注
1	拿起话筒,接听电话	情况一:准时接听电话; "您好!我是中锐汽车销售公司销售部的销售顾问李明。请问有什么可以帮您?"	情况二:未在三声铃响之内接起电话; "您好!非常抱歉,让您久等了。我是中锐汽车销售公司销售部的销售顾问李明。请问有什么可以帮您?"	接听电话时,应在三声铃响之内;如未在三声之内接听电话,应先向对方致歉 接听时,精神状态良好,使用普通话。接听时使用问候语+自我介绍 做好接听准备
2	确认对方信息	"王先生,您好!""请问您是王先生吗?您好!"		
3	确认此次通话的目的及信息	"是的""好的""清楚"等		做好通话记录
4	对重要信息进行复述、确认	"王先生,我再和您确认一下时间是×××、地点是×××、电话是×××,是吗?"		核实重要信息,并复述给对方进行确认
5	结束通话	"感谢您的来电,再见!" "感谢您对我的工作的支持,再见!"		等待对方放下电话后,轻轻放下话筒,结束通话

2. 接电话的礼仪

1）接电话的时机

作为汽车商务人员,应养成良好的职业素养,及时接起办公室的电话,给客户留下良好的印象。电话铃声响起,若长时间无人接听是非常不礼貌的,这会让来电方心理十分焦躁,也会给客户留下非常不专业的印象。当有电话响起时,应准确迅速地拿起话筒进行接听,时间在三声铃响之内为宜。在办公室内,即使电话离自己较远,也应该以最快的速度接听。若接听时电话铃声响起已经超过了三声,应先向对方致歉,以获得对方谅解。

2) 接电话的态度

不能以睡姿、躺姿接听电话,对方会通过电话感受到你的慵懒、无精打采,留下不好的印象。同时,也应注意不能喝茶、吃零食、抽烟等,以免让对方感受到不被尊重。因此,在接电话时,即使没有面对面交谈,也应调整好姿势和态度,让客户感受到如沐春风。

3) 接电话的语言

接听电话时,应端正上身,以良好的精神状态回应客户。接听的过程中言语表达简洁明白,吐字清晰,措辞和语法都要切合身份。接电话时应使用"您好"代替"喂",称呼对方时不能直呼其名。语言一般使用标准的普通话。接听时声音亲切自然,充满活力,说话时面带微笑,使对方感受到自己是一位精神饱满、认真敬业的汽车商务人员。

接电话时,应先做简短的自我介绍,向对方告知自己的姓名、所在单位、部门及职务,确认无误后,再进行对话。在通话过程中,应向对方提出的要点复述,并进行确认。在结束通话时,一般由来电方提出,然后彼此客气地道别,说一声"再见",等待对方放下电话之后,轻轻放下话筒,结束通话。切不可在电话没放稳前,随意发牢骚,说怪话,对刚才的通话妄加评论。

4) 接听电话的状况应对

(1) 及时回电。如在通话中约定好了回电时间,应保持电话畅通,在相应时间内等待通话。如因有事需离开办公室,应告知同事及时接听电话,并告知通话方。

(2) 电话中断。当通话未结束出现中断时,应由拨打电话的一方进行重拨,接通后应先表示歉意。即使通话即将结束时,也应重拨,继续将通话完成。

(3) 妥善处理留言。如有工作电话留言,应在 24 小时内给予对方答复。如回电时,对方不在,应及时留言或传短信告知对方。如不及时回电,则意味着对工作的不重视,也不尊重对方。

4.2.3　代接电话

在工作中,时常会遇到来电要找的人员不在场的情况,此时,如电话铃声响起,距离电话最近的人应主动代接电话,以免造成公司不必要的损失。在通话过程中,不要向对方询问对方与其所找之人的关系。当对方有求于己,要求转到某事给某人时,要严守口风。

若对方要找的人不在,应主动询问对方是否方便留下相关信息:姓名、联系方式、地址、此次通话目的及事情等、是否回电、何时回电等。记录之后应向对方复述一遍,进行确认。待电话相关人员回来时,及时将信息通知到相关人员。

4.2.4　手机使用规范

手机是日常生活中经常使用的通信工具,在手机的使用上,和座机一样也有一些应该注意的事项。

1. 文明使用手机

1）适时调整手机状态

在进入他人办公室、教室、图书馆、会议室，参加会议、重要仪式等，应将手机调到静音、震动或关机状态，放置在口袋或背包内，切忌放在桌面上。如有重要电话必须接听时，应迅速离场，或转身低声接听，尽量避免影响在场的其他人。

2）接听电话

在公共场合，如楼梯、地铁等人来人往处，应尽量控制自己说话的音量。绝不能大声喧哗，打扰其他人。

与他人进餐时最好不要使用手机，如有来电需要接听，应先向共同进餐的人致歉，之后再进行接听，以示尊重。

3）尊重隐私

目前，随着科技的发展，手机附带的功能日益完善，相机功能是最常使用的功能之一。在公众场合应，应特别注意相机的使用。在未经被拍摄人允许的情况下，不能随意拍照。

2. 安全使用手机

在使用手机时，应注意一些特殊场合，如医院、加油站、飞机起飞降落时、开车时等特殊场合和时间，应特别注意手机使用的安全。

参加演出、演讲或一些需高度保密的场合时，不应携带手机进场。如果携带了手机，应将手机关闭，遵守相关规定，做到不摄影、不录像。

3. 手机信息

手机信息改变了传统的交流方式，跟即时通话相比，手机信息增加了文字信息量，因此在发送手机短信时，应注意发送的内容要确切，言简意赅。回复信息时应注意使用的语言，尤其是对长辈，应尽量避免使用"嗯""哦"这样的口头语，这会使信息的接收方感到自己不被重视。

若在与客户的电话沟通中，涉及时间、地点等事宜，可在结束通话后，向对方发送信息提醒、确认。在发送时应再次确认发送对象的姓名、电话，自己的署名是否正确。

4. 手机铃声

现在在越来越多的人不满足于传统的手机铃声，而是喜欢从网络上下载极具个性的音乐或语音片段作为手机铃声。作为汽车商务人员，在选择手机铃声时，应避免搞怪、玩笑、惊悚等特殊音效的手机铃声，以免引起客户不适和反感。

5. 手机装饰

随着时尚潮流的发展，人们对于美的追求越来越高，通过对手机的外壳、屏幕等各方面的装饰，实现了手机款式的个性化和多样化。在汽车商务场合中，可选择简洁大方的装饰，给客户留下专业、干练的印象。不宜选择印有文字、卡通图案的手机外壳、手机吊坠等。

4.3　汽车商务文书规范

在商务交往中,出于各种需要,商务人员需对交往对象发出约请,邀请对方出席某项活动,如新车发布会、周年店庆等。邀约分为正式邀约、非正式邀约。正式邀约要求讲究礼仪,又要使被邀请者备忘,在此情况下,一般采用书面的形式,如请柬、书信邀约、电子邮件邀约等。非正式邀约通常是以口头邀约,相对而言更随意一些。在较为正规的商务往来中,应以正式的邀约作为邀约的主要形式。在正式邀约中,最为常用的是请柬邀约。

1. 请柬的格式

1) 单面请柬

直接由标题、称谓、正文、敬语、落款、时间构成。

2) 双面请柬

折叠式请柬。一面为封面,写"请柬"二字,一面为封里,写称谓、正文、敬语、落款等。

2. 请柬的书写

请柬的行文书写方式有两种,横式与竖式。目前商务活动中的请柬,大多采用横式请柬。行文通常是左而右,自上而下地横写的。竖式请柬行文通常是自上而下,自右向左地竖写。

在请柬的行文中,应包含邀请人、活动形式、时间、地点、活动要求、联络方式等内容,如图 4-2 所示。

```
                        请　　柬

    送呈：王海　小姐/先生：

        谨定于 2016 年 10 月 1 日晚 7:00～9:00 在上海市中锐国际大酒店一号厅举行中锐汽车销
    售公司周年庆典,届时敬请光临。

        此致
    敬礼!

                                         中锐汽车销售公司　　敬邀
                                              2016 年 9 月 10 日
```

图 4-2　请柬

1) 标题

双面请柬封面印上或写明"请柬"二字。单页请柬,"请柬"二字写在顶端第一行,字体较正文稍大。

2) 称谓

顶格写邀请单位名称或个人姓名,其后加冒号。个人姓名后应注明职务或职称。

3）正文

另起行，前空两格，写明活动的形式、内容、时间、地点及其他应知事项。

4）敬语

一般以"××敬邀""恭候光临""恭请光临"等作结。

5）落款

写明邀请单位、个人姓名及日期。

4.4 汽车商务沟通工具使用礼仪

4.4.1 电子邮件

在商务交往中，电子邮件是一种重要的通信方式，商务人员在收发电子邮件时也要讲究礼仪。

1. 邮箱的设置

在企业中，一般会有企业名为后缀的邮箱。在注册邮箱账号时，应将默认发信账号一栏设置更改成自己的姓名，避免出现文字乱码@公司域名.com 的情况出现，有失专业。

2. 邮件的书写

1）主题

主题是接收者了解邮件的第一信息，因此邮件的标题不能空白，要提纲挈领，真实反映正文的内容及重要性。一封邮件的主题尽可能只针对一个主题，不在一封信内谈及多件事情。

2）正文

（1）邮件的开头应称呼收件人。如果对方有职务，应按职务尊称对方，如"王经理"等；如果不清楚职务，则应按通常的"王先生""李小姐"称呼。

（2）正文内容应行文应通顺，简明扼要地说清楚事情；可分列1、2、3、4 几个段落进行清晰明确的说明。如果具体内容较多，可在正文处作摘要介绍，正文后附附件进行详细描述。

正文的结尾一般以"此致敬礼""顺祝商祺"等作结。

（3）在邮件发送之前，应检查行文是否通顺，拼写是否有错误。

3）附件

在正文内容较多时，可采用附件的形式进行补充说明。如果邮件带有附件，应在正文里面提示收件人查看附件。附件数量较多时，可打包压缩一并传送。如果附件是特殊格式文件，因在正文中说明打开方式，以免影响使用。

4）邮件签名

在商务邮件中，邮件结尾的签名可以使邮件的接收方清楚地知道发件人信息。签名的设置可视情况而而定。具体的内容包括姓名、职务、公司、电话、传真、地址等信息，但信

模块 4　汽车商务服务礼仪

息行数不宜过多。

3. 邮件使用的注意事项

（1）及时回复 E-mail。收到电子邮件后及时回复是对他人的尊重。如果事情复杂，无法及时给出答复，应及时地回复说"收到了，我们正在处理，一旦有结果就会及时回复您"。如果适逢出差或休假，应设置自动回复功能，提示发件人，以免影响工作。

（2）适时提醒收件人。在商务交往中，经常会有邮件往来沟通事宜。邮件发送之后应及时短信或电话告知收件人进行邮件查收，以免影响工作。

（3）勿使用公司邮箱发送私人邮件。

4.4.2　即时通信工具

即时通信工具的出现，如 QQ、微信、飞信等，改变了人们沟通交流的方式和方法，使得人们的联系越来越紧密。

1. 即时通信工具的分类

即时通信工具是一个实时通信系统，允许两人或多人使用网络实时传递文字消息、文件、语音与视频。分为个人即时通信工具和企业即时通信工具。目前较为常用的个人即时通信工具有腾讯 QQ、微信、中国移动飞信、FaceTime 等。

2. 即时通信工具的设置

不论是个人即时通信工具或是企业即时通信系统，使用者的个人账号都代表了使用者的个人形象。因此汽车商务人员在使用即时通信工具时应注意相应的礼仪规范。

1）账户的注册

账户注册时，应根据汽车商务人员的工作内容和要求，区分私人账户与工作账户，根据实际情况的不同进行注册。

2）账户的设置

（1）用户昵称的设置。工作账户中，可使用真实姓名作为用户名称，也可在姓名前加上单位、职位等，如中锐汽车销售李明，这样设置可方便客户进行查找、联络。避免出现火星文或数字作为用户昵称，有失专业。

（2）用户头像的设置。汽车商务工作账户中的头像应使用清晰、大方、正面、积极的头像为宜，也可使用自己的照片，便于与他人联络时进行身份确认。不宜使用搞怪、负面的图案或图片。

（3）用户签名的设置。签名的设置应选择正面、积极的语句，以塑造专业的汽车商务职业形象。避免使用负面、消极的语句。

3. 账户使用的注意事项

1）接收、回复讯息

即时通信工具的方便之处在于可实时传递文字消息、文件、语音与视频，因此在使用时应注意及时回复讯息，保持顺畅的沟通。

接收语音讯息时,应注意选择收听模式的选择,尽量选择听筒模式,以免给周围的人造成困扰。回复信息时应使用简洁的语言,如"好的""明白"等,避免使用"嗯""哦"这样的口头语。在他人发布的公开讯息中进行评论或回复时,应注意使用正面、积极的语句,避免进行人身攻击或造成负面影响。

2)发布信息

工作账户或企业账户在发布内容时应以工作内容为主,可发布企业、行业的相关讯息和新闻,避免发布个人的信息或娱乐、搞笑、负面的新闻等。

3)文件的传输

在即时通信工具上进行文件传输时应根据文件的大小、传送的速度等选择合适的方式,如果文件太大,可选择用电子邮件进行传输。

4.5　汽车商务跟踪服务礼仪

4.5.1　售后回访

客户回访是汽车销售与服务流程中重要的一个环节。服务回访的目的一方面可以显示出经销商对客户及其车辆的关怀,便于客户提出疑虑或问题,维护与客户的关系,保持客户满意度,通过客户的介绍,产生更多的潜在客户;另一方面,经销商也可以从回访的反馈信息中发现自己在服务中存在的不足之处,从而进行改善。

1. 回访的方式

回访通常以电话回访、问卷回访的方式进行。回访员应整理好客户的资料,依照回访流程对客户进行回访。

2. 回访流程

1)交车 24 小时内销售回访

(1)在交车 24 小时内,询问客户服务是否满意并确认车况是否良好;

(2)如果出现问题,了解清楚情况。首先应向客户致歉,并迅速提出解决方案;

(3)告知客户,服务顾问将会与之保持联系,邀请客户参与经销商活动。

2)交车 3 日内销售回访

(1)向客户表示感谢,并询问使用情况;

(2)如果客户出现抱怨、投诉的情况。首先应向客户致歉,并了解具体情况,按照投诉处理流程解决客户问题;

(3)由服务顾问对客户进行满意度调查,征询客户对服务质量的意见、建议。

3)3 个月内销售回访

(1)向客户表示感谢,并询问使用情况;

(2)如果客户出现抱怨、投诉的情况。首先应向客户致歉,并了解具体情况,按照投诉处理流程解决客户问题。

(3)询问客户目前行驶里程,进行首保预约。

4)定期回访

(1)汽车销售顾问、服务顾问应以恰当的理由,定期与客户保持联系。

(2)可通过短信或邮件的形式向客户发送经销商、厂商的相关讯息,如:自驾游、新车发布、车辆保险、车辆保养等消息。

(3)在客户生日、重大节日等向客户寄送生日卡片、发送祝福短信等。

3. 回访记录表

回访记录表如表4-3所示。

表4-3 汽车销售回访记录

回访情况记录表		
新车交车24小时内回访		
日期		回访人
回访反馈	产品	
	服务	
	其他	
交车3日内内回访		
日期		回访人
回访反馈	产品	
	服务	
	其他	
交车3个月内回访		
日期		回访人
回访反馈	产品	
	服务	
	其他	

4. 回访的注意事项

(1)在回访前一天熟悉、了解客户资料,按照约定时间进行回访。

(2)理解回访的重要性,在与客户的沟通中,避免发生任何形式的争执。

(3)按照回访流程,填写回访记录卡、投诉处理卡等,并将客户的资料进行整理存档。

(4)声音甜美,态度良好,使客户感受到良好的精神风貌。

4.5.2 投诉处理

投诉的定义为：客户因对产品或服务的不满而向有关部门或人员进行申诉。投诉一般会产生两种结果，一种情况是企业妥善解决了客户的投诉，客户会再次购买该品牌产品。如果问题没有得到解决，可能会造成客户流失。

在工作中，通过对客户的回访，时常会接到客户的投诉、抱怨，甚至由此产生一些矛盾，这往往给双方带来不快，也有损单位形象。因此，正确处理各种难题、投诉应引起服务人员、所在单位的重视。作为汽车商务人员，对待服务纠纷的正确态度是：①事先对纠纷进行预防，力争将其减到最低程度；②及时发现纠纷，制止纠纷，并妥善对其进行调解。

1. 客户投诉产生的原因

客户投诉产生的原因有很多种，但一般来说，可以归纳为以下几种原因。

（1）产品质量问题；

（2）售后服务问题；

（3）销售人员态度问题；

（4）交车检验时未能发现的问题；

（5）客户使用不当或误操作；

（6）其他原因。

2. 投诉处理流程

投诉处理流程参见表 4-4。

3. 投诉处理的方法和技巧

在面对客户投诉时，我们要认真对待。服务人员设身处地地为客户着想，弄清客户的真正需要，才能赢得客户的好感，也有助于问题的解决。

1）认真、仔细听取客户意见

将客户投诉的要点记录在投诉处理表中，如表 4-4 所示。这样可以使客户放慢说话的速度，缓和客户机动的情绪，而且还能使客户有被重视的感觉。

2）处理过程中保持冷静

客户在投诉的过程中往往情绪激动。此时尽量不要反驳客户意见，不要与客户争辩，而是耐心听取客户投诉，弄清楚其中的问题。

3）礼貌安慰

在遇到客户投诉时，应参照投诉处理流程进行，首先向顾客致歉，再进一步了解投诉的具体内容，分析原因，再进一步提出相应的解决方案。

4）立即着手解决问题

处理投诉的过程中，应尽可能缩短投诉处理的时间和客户来访的次数，快速找出处理解决方案，并予以实施。同时告知投诉人处理情况，让顾客消除"投诉完就没有结果"的猜测。

表 4-4　投诉处理流程

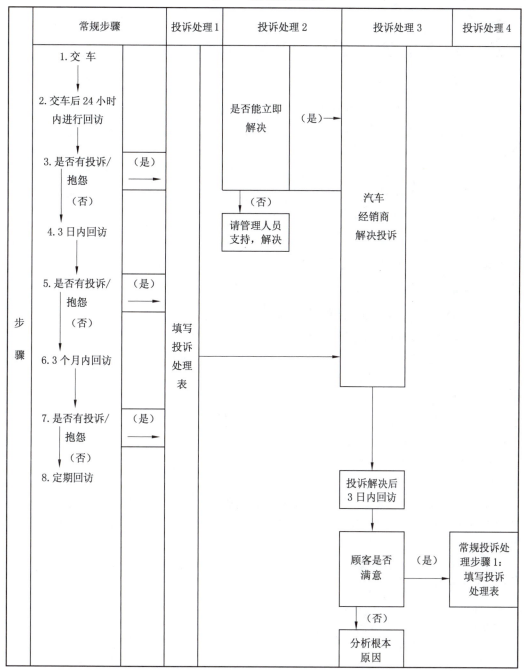

5）检查落实

在问题解决之后通过汽车服务顾问，对客户进行回访，了解情况。

4.6　技能实训：汽车服务电话礼仪

1. 实训要求及注意事项

（1）实训期间态度认真，参照教材内容要求，注意实训规范，使用标准话术。

（2）按实训规定穿好实训服装：男生着西装、衬衣、领带、深色皮鞋；女生着职业装、衬衣、丝巾、黑色皮鞋、丝袜，盘发。

（3）实训时遵从实训指导教师的安排，未经老师批准，不得擅自离开、开启车辆等。

（4）注意实训室车辆安全，工作场所、通道保持有序、整洁。实训结束，整理清洁设备和场地。

2. 设备、工具、耗材要求

办公桌、椅子、固定电话、销售工具包、笔、便签纸等。

3. 实训主要步骤

（1）将班级人员分组，由实训指导老师带领、指导实训。

（2）指导教师运用PPT、视频等媒体进行电话礼仪实训的内容讲解，具体内容有：

① 接听电话；

② 拨打电话；

③ 代接电话。

（3）学生模拟练习。

每3人组成一个小组，设置汽车商务人员A、汽车商务人员B、客户C三个角色，学生自行选择扮演相应的角色，模拟练习汽车服务电话礼仪。

剧情设计：

客户王先生非常喜欢Z1车型，已与销售顾问李明了解过相关信息。今天，他想在电话中向中锐汽车销售有限公司的销售顾问李明进一步咨询关于购买的事宜，于是他拨通了中锐汽车销售有限公司销售部的电话……

汽车商务人员A："你好！这里是中锐汽车销售有限公司。我是销售部的销售顾问王朋，很高兴为您服务！请问有什么可以帮助您？"

客户C："您好！我想找销售顾问李明。"

汽车商务人员A："好的，先生。请问您贵姓？"

客户C："免贵姓王。"

汽车商务人员A：

"王先生您好！请您稍等，现在帮您转接。"

"非常抱歉王先生，让您久等了。销售顾问李明今天上午有事外出了，现在不在公司，不知道您是否方便留下您的讯息，我可以帮您转告？"

客户C："好的。麻烦转告李明先生，我想找他了解买Z1型车的具体事情。"

汽车商务人员 A："好的,王先生。请问您是否方便留下您的电话?"

客户 C："135-1234-1234。"

汽车商务人员 A："好的,王先生。您的电话是 135-1234-1234,是吗?"

客户 C："是的。"

汽车商务人员 A："好的,王先生。想问下您是否方便留下您的名字?"

客户 C："我叫王节,节字是节日的节。"

汽车商务人员 A："好的,王先生。我这边再和您确认一下您的讯息,您的姓名是王节,节字是节日的节。您的电话是 135-1234-1234,对吗?"

客户 C："是的。"

汽车商务人员 A："您今天找李明是想要了解购买 Z1 型车的具体事宜,是吗?"

客户 C："是的。"

汽车商务人员 A："好的,王先生。您的讯息我已经记录下了,稍后等李明回来,我会转告给他,请他及时给您回复。"

客户 C："好的。"

汽车商务人员 A："请问还有什么可以帮您吗?"

客户 C："现在没有了,谢谢。"

汽车商务人员 A："好的,王先生。感谢您的来电,再见!"

汽车销售顾问李明回到公司,看到了同事留下的讯息,于是拿起了听筒,拨通了王先生的电话……

汽车商务人员 B："王先生您好!我是中锐汽车销售有限公司的销售顾问李明!非常抱歉上午有事外出了,没有接到您的电话。"

客户 C："李先生您好!"

汽车商务人员 B："请问您今天找我是了解买 Z1 型车的事情吗?"

客户 C："是的。"

汽车商务人员 B："您需要的 Z1 型车资料我已经准备好了,随时欢迎您到店来洽谈。不知道您什么时间有空?"

客户 C："现在可以吗?"

汽车商务人员 B："可以的,我现在在公司,欢迎您过来,我在店里等您。"

客户 C："好的,再见!"

汽车商务人员 B："再见!"

挂断电话后,可用手机发送公司的地址等讯息发送至客户手机。

4.7 技能实训:汽车商务文书礼仪——电子邮件

1. 实训要求及注意事项

(1) 实训期间态度认真,参照教材内容要求,注意实训规范,使用标准话术。

（2）按实训规定穿好实训服装：男生着西装、衬衣、领带、深色皮鞋；女生着职业装、衬衣、丝巾、黑色皮鞋、丝袜，盘发。

（3）实训时遵从实训指导教师的安排，未经老师批准，不得擅自离开，开启车辆等。

（4）注意实训室车辆安全，工作场所、通道保持有序、整洁。实训结束，整理清洁设备和场地。

2. 设备、工具、耗材要求

办公桌、椅子、电脑、电子邮箱。

3. 实训主要步骤

（1）由实训指导老师指导实训。

（2）指导教师运用PPT、视频等媒体进行汽车商务文书礼仪——电子邮件实训的内容讲解，具体内容如下。

① 邮箱的设置；

② 邮件的书写；

③ 邮件的发送。

（3）学生模拟练习。

学生自行注册一个邮箱，模拟练习汽车商务电子邮件礼仪。

剧情设计：

客户王先生想在中锐汽车销售有限公司购买一辆Z1型车，销售顾问李明邀请王先生到店赏车后，王先生表示非常喜欢。现在想要向销售顾问李明进一步了解关于购买的具体事宜。请你以汽车销售顾问李明的身份，向顾客王先生发送一份邮件。

① 邮箱设置：注册一个商务邮箱，将默认发信账号一栏设置更改成自己的姓名。

② 邮件主题：以"主要内容－发件人－日期或编号"进行命名；

③ 邮件正文：

内容：介绍中锐汽车销售公司的Z1车型的情况、报价、车险等；

格式：书信格式。

④ 邮件附件：附件为Z1车型汽车资料，以"资料－主要内容－发件人－日期或编号"进行命名；

⑤ 邮件发送：确认收件人电子邮件地址，并在收件人一栏正确填写收件人电子邮件地址，选择发送。注意抄送的使用。

⑥ 提醒收件人及时查收邮件。

模块4 汽车商务服务礼仪

 复习与思考

 1. 判断题

（1）与客户进行沟通交流时，可选择的话题是多种多样的。适宜的话题有电影、电视、旅游、天气、年龄、婚姻状况、收入等。　　　　　　　　　　　　　　（　）

（2）拨打电话给客户时，应先确认客户个人信息，明确此次通话的目的，准备相应的资料和文件，预测此次通话中将会出现的情况及对策，做好准备工作。　（　）

（3）电子邮件是商务沟通中比较常用的一种方式，注册以自己姓名为前缀的公司电子邮箱，可以用来发送私人邮件。　　　　　　　　　　　　　　　　　　（　）

 2. 选择题

（1）通常情况下，到店购车的客户有（　　）。

　　A. 主导型　　　　B. 分析型　　　　C. 社交型　　　　D. 理智型

（2）请柬的格式包含（　　）。

　　A. 标题　　　　　B. 称谓　　　　　C. 正文　　　　　D. 敬语

　　E. 落款　　　　　F. 日期

 3. 思考题

（1）客户回访的流程是怎样的？

（2）处理投诉等难题的流程是怎样的？处理投诉的注意事项有哪些？

模块 5

汽车商务会展仪式礼仪

◎ 学习目标

1. 知识目标
（1）了解会展的概念；
（2）了解汽车展览会的概念；
（3）熟悉汽车展览会的分类；
（4）掌握汽车商务交车仪式；
（5）掌握汽车商务庆典仪式。

2. 能力目标
（1）了解会展的概念，熟悉汽车展览会的概念及分类；
（2）能够执行汽车新车交车仪式；
（3）能够执行汽车商务庆典仪式。

◎ 案例导入

中锐汽车销售公司将要作为参展商参加 2016 年上海国际车展，作为公司销售顾问的王红应该如何准备，以便在车展上售出更多的车辆？

◎ 学习方案

调查、了解汽车展览会的相关内容，为参与汽车展览会做好准备。

拓 扑 图

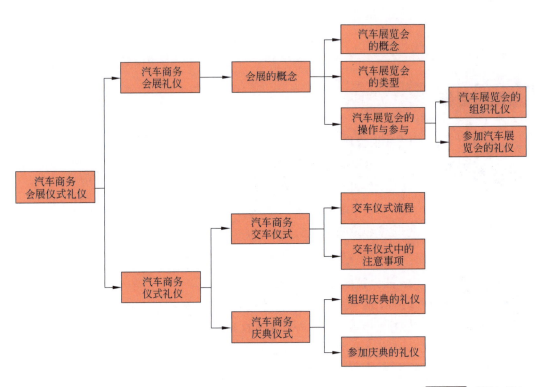

5.1 汽车商务会展礼仪

5.1.1 会展与汽车展览会

1. 会展的概念

会展业是指由会展经济运动而引起的相互联系、相互作用、相互影响的相关企业的总和,是现代经济体系的有机组成部分,是以会议和展览的组织承办为中心,以完善的基础设施和配套服务为支撑,由相关企业共同构成的一种综合性产业。从广义上来说,会展业是由会议、展览和大型活动业构成。

会展业的发展,对一个城市的经济、政治、社会和文化等方面的发展有着重要的促进作用,可以创造直接的经济效益,带动相关产业发展,包括印刷业、酒店业、餐饮业、零售业等;可以推动城市发展,促进产业结构调整,增加就业机会;同时会展活动起到传播信息、知识、观念的作用,促进了国内与国外、企业与政府、企业与企业、企业与消费者以及社会各主体之间的沟通、交流与合作。

1)会议的概念与类型

会议,是指一个群体在特定的时间、地点聚集,有计划、有组织地就某些议题进行集中研究、讨论、交流的集体活动方式。不同类型的会议的需求、会议主办权会有所不同。

根据不同的标准,可以将会议划分成不同的类型。

(1)按与会者的来源划分

可分为单一机构会议、地方会议、全国会议、国际会议等。其中对不同层级的会议有明确的区分和界定,如国际大会和会议协会(ICCA)规定,国际会议的与会者来自4个以上国家;与会人数300人以上,其中国外人士占40%,会期3天以上。

(2)按会议的举办主体划分

可分为公司会议、协会会议、其他机构会议等。

(3)按会议的形式划分

可分为年会、例会;大会;报告会、讲座、论坛、研讨会等。比较常见的有:

① 大会/代表大会。就某个特定议题展开讨论的会议,议题可涉及政治、贸易、科技等领域。大多数大会是周期性的,如一年一次。代表大会中一般由代表讨论、投票决定某一议题的议程。

② 报告会/讲座。报告会/讲座是一种较为正式的会议活动,通常由一位专家做单独讲解或示范,会后有安排听众提问。

③ 研讨会/专题研讨会。研讨会、专题研讨会通常由一位主持人主持,针对专门的问题进行讨论和座谈。

④ 论坛。论坛具有充分的参与性,一般由会议讨论小组组长、演讲者或会议主席来引导、协调和主持。论坛通常具有一定的规模。

2）展览的概念与类型

对于展览的理解或定义有很多，全球展览业协会 UFI（The Global Association of the Exhibition industry）对展览的定义为：展览是一种市场活动，是在特定的时间内，众多厂商聚集于特定场地陈列产品，从而推销其最新产品或服务。目前，UFI 这个定义被人们广泛接受。

现代展览是由若干相互联系的要素有机构成的一个系统，在这个系统中存在五大基本要素：①参展商，即展览会的参展主体，也是展览会的主要服务对象；②展览会的经营部门或机构，展览会的组织者，即专业行业协会和展览公司；③展览会的展示场所，即展览馆或展览中心；④展览服务商，即为展览提供服务的企业；⑤参观展览的观众。

根据不同的标准，可以将展览划分成不同的类型。

（1）按规模划分

即按展出者和参观者所代表的区域规模，可分为地方、地区、国家、国际展览等。不同规模的展览有不同的特色和优势。

（2）按性质划分

可分为贸易展览和消费展览。贸易展览是制造业、商业等行业举办的展览，目的是交流信息、洽谈贸易；消费展览的目的是直接销售。具有贸易、消费两种性质的展览被称为综合性展览。

（3）按内容划分

可分为综合展览和专业展览。综合展览是指全行业或数个行业的展览会，如工业展；专业展览是指某一行业甚至某一产品的展览会，如汽车展览会、航空展、钟表展等。

（4）按时间划分

可分为定期展览和不定期展览。

（5）按展览场地划分

可分为室内展览、室外展览、巡回展览、流动展览等。室内展览多用于展示常规展品，如纺织展、钟表展等，室外展览多用于展示超大超重展品。

2. 汽车展览会的概念及类型

汽车会展，即汽车展览会，是进行汽车技术交流、发展经贸合作的良好机会，在商务交往中发挥着重大的作用。它不仅有较强的说服力、感染力，可以现身说法打动观众，为主办单位广交朋友，而且有助于借助个体传播、群体传播、大众传播等各种传播形式，使有关主办单位的信息广为传播，提高其名气与声誉。同时也带来了相应的文化氛围，促进了汽车文化的交流与发展，通过车展，我们将看到汽车行业的发展前景和未来的走向。因此，几乎所有的汽车厂商、经销商及相关企业都对汽车展览会倍加重视、踊跃参加。

1898 年第一次国际汽车展览会是在法国汽车俱乐部的倡议下，在法国巴黎的一个花园内成功举办。目前国际上形成了五大国际汽车展览会：德国法兰克福国际汽车展览会、法国巴黎汽车展览会、北美国际汽车展览会、瑞士日内瓦汽车展览会、日本东京汽车展览会。中国的车展业起步较晚，至今已经形成了北京、上海、广州等大型综合性汽车展览会。

1）国际汽车展览会

国际汽车展览会是国际汽车厂商的集体实力秀，按照国际惯例，被公认的国际汽车展览会如表 5-1 所示。

表 5-1　国际汽车展览会汇总

序号	车 展 名 称	创办时间	地点	举办时间
1	德国法兰克福国际汽车展览会	1897 年	德国	9 月
2	法国巴黎汽车展览会	1898 年	法国	9~10 月
3	北美国际汽车展览会	1907 年	美国	1 月
4	瑞士日内瓦汽车展览会	1924 年	瑞士	3 月
5	日本东京汽车展览会	1966 年	日本	10 月

(1) 德国法兰克福国际汽车展览会

德国法兰克福国际汽车展览会前身为柏林车展,创办于 1897 年,1951 年移至法兰克福举办。每年 9 月在德国法兰克福会展中心举行。法兰克福车展是世界规模最大的车展,有"汽车奥运会"之称,参展的商家主要来自欧洲、美国和日本,以欧洲汽车商居多。法兰克福车展的服务细致而周到,符合德国人一贯滴水不漏的办事作风,人们不仅可以欣赏到各色新车,更可以从中获得汽车历史、技术技能、环保节能等多方面的知识。

(2) 法国巴黎汽车展览会

1898 年 6 月,首次举办巴黎车展。自 1923 年开始,车展时间更改为每年 10 月的第一个星期三举行,这一惯例一直延续至今。1976 年起车展定为两年举行一次。作为国际五大汽车展览之一,巴黎车展一直在汽车业界具有很大的影响力,它展示了从汽车设计到维修的全部技术和设备,为参展商和参观者提供了良好的商业活动场所,使与会者感兴趣的技术、工艺商业及其他方面的问题均能在此找到满意的答案,对推动汽车业界的发展起到十分积极的作用。

(3) 北美国际汽车展览会

北美国际汽车展览会是北美洲规模最大的国际车展,1907 年举办首次汽车展览至今,已经有百余年的历史,是美国创办历史最长的车展之一。拉开每年车展序幕的是北美车展,每年 1 月固定在底特律的 COBO 展览中心举办,展览面积约 8 万平方米左右,会议室、会谈室近百个。

(4) 瑞士日内瓦汽车展览会

瑞士日内瓦汽车展览会起源于 1905 年的"国家汽车和自行车"展,当时展出所有汽车工业历史上重要的内燃机,以及以蒸气动力的汽车。到 1924 年正式创办时,已发展成有 200 个展品的国际性汽车展览。从 1931 年起,展会每年 3 月份在瑞士日内瓦的巴莱斯堡国际展览中心举行,总面积达 7 万平方米。展览会是欧洲唯一每年举办的车展,以展示豪华车及高性能改装车为主,素有"国际汽车潮流风向标"之称。

(5) 日本东京汽车展览会

日本东京汽车展览会创办于 1954 年,展馆位于东京附近的千叶县幕张展览中心,是目前世界最新、条件最好的展示中心。展出的展品主要有整车及零部件。日本东京车展特色鲜明:历来是日本本土小型汽车唱主角的舞台。日本东京汽车展览会被誉为"亚洲汽车风向标",对于世界汽车市场有较深的影响,对于亚洲汽车市场更有着重要的意义。

2)中国汽车展览会

(1)北京国际汽车展览会

北京车展是国际上具有较高知名度的品牌展览会,为我国汽车工业的发展,自主汽车品牌的创立、发展发挥了重要的作用,并为促进中外汽车业界的交流与合作,为我国会展经济的快速发展做出了积极巨大的贡献。自创办以来,每两年定期在北京举办,2014年为第十三届北京国际汽车展览会。展会功能由过去单纯的产品展示,发展到今天成为企业发展战略发布、全方位形象展示的窗口、全球最前沿技术创新信息交流的平台、最高效的品牌推广宣传舞台。展品品质逐届提高,影响也日趋广泛,众多跨国汽车企业将北京车展列为全球A级车展。

2014年北京国际车展场馆由9个大型子展馆和若干分展馆组成,共有来自14个国家和地区的2 000余家厂商参展,共展示车辆1 134台,全球首发车118台(其中跨国公司全球首发车31台),跨国公司亚洲首发车45台,概念车71台,新能源车79台。

(2)上海国际汽车展览会

上海国际汽车展览会创办于1985年,至今已经连续成功举办了16届。30年来,见证了中国汽车工业的欣欣向荣和中国汽车市场的迅猛发展,更是为中外汽车企业构筑起广泛交流和合作的平台,同时也为汽车爱好者打造了汽车文化的盛会。上海国际汽车展本身也逐步成长为中国乃至全球最具荣誉的汽车大展之一。

2015年第十六届上海国际汽车工业展览会共吸引来自18个国家和地区近2 000家国内外知名企业踊跃参展,展出整车1 343辆,其中全球首发车109辆,新能源车103辆(国内厂商51辆、国外厂商52辆),概念车47辆,亚洲首发车44辆。展出总面积超过35万平方米。车展上国内自主品牌将集体与跨国集团同场竞技。国内六大汽车集团上汽、东风、一汽、长安、北汽、广汽均以集团阵容重装亮相,将组织集团旗下全系列品牌以超大规模参加本届车展,充分彰显其成为具有自主创新能力和拥有核心技术的世界性自主品牌的自信和实力。

(3)广州国际汽车展览会

广州国际汽车展览会创办于2003年,基于"高品位、国际化、综合性"的定位,经过几年的发展,已成为中国大型国际车展之一。2015年第十三届中国广州国际汽车展览会展出总规模达22万平方米,参展企业达603家,其中乘用车企业85家,电动车企业22家,汽车零部件及用品企业496家,共展出车辆1 000台,全球首发车36台,其中跨国公司首发车7台。1 730家海内外媒体的8 491名记者参与报道了展会盛况。

在中国汽车产业进入新常态的形势下,作为全国三大顶级国际汽车展之一,被誉为"中国汽车市场风向标"的广州汽车展受到了国内外车企的高度重视,各大车企纷纷以集团形式参展,带来最前沿、最重量级的汽车产品,展示了各种先进的智能互联车辆技术,为汽车市场的健康发展注入持续的动力。

 5.1.2 汽车展览会礼仪

汽车商务会展礼仪,即汽车展览会礼仪,是指汽车相关企业在组织、参加汽车展览会时，应当遵循的规范与惯例。会展礼仪属于服务礼仪的范畴，它可以使会展活动更加丰富多彩，对会展活动的成功举办具有不可替代的作用。汽车商务会展礼仪涉及展览会的组织方与参与方两方面。

1. 汽车展览会的组织礼仪

1) 确定汽车展览的规模

汽车展览会根据规模的大小可分为地方性车展、国内车展、国际车展等。大型的国际汽车展览会通常由社会上的专门机构出面承办。承办者可为一家或多家企业或单位。如2015年第十三届中国(广州)国际汽车展览会的承办单位为中国对外贸易广州展览总公司、中国国际贸易促进委员会汽车行业分会、广州汽车工业集团股份有限公司、中国汽车工程学会、广州联合展贸有限公司、中国国际贸易促进委员会广州市分会、广州市汽车服务业协会、广州工业经济联合会。

2) 确定参展单位

一旦确定举办展览会，参展单位的确定是非常重要的。在展会筹办期间，主办单位应以适当的方式向参展单位发展正式的邀请或召集，向其说明此次展览会的宗旨、展览会举办的时间、地点，展出的主要项目、参展的范围与条件、报名参展的时间、地点，参展单位应负担的基本费用等。主要方式为召开新闻发布会、刊登广告、寄发邀请函等。

第十六届上海国际汽车工业展览会 新闻发布会

图片来源：第十六届上海国际汽车工业展览会官网

3) 展示位置的分配

所有的参展单位都希望自己能够在展览会上拥有理想的展位：面积适当、人流较多、设施齐备、采光、水电良好。对于展览会来说，展览现场的规划与布置，通常是其重要职责之一。展位的分配可通过竞拍、竞标等形式进行。

4) 安全保障的要求

在展览会期间，组织者应对有关的安全保卫事项认真对待，避免由于事前考虑不周而发生事故。

(1) 举办大型展览活动时，应主动将展览会的举办情况向当地公安部门进行通报，要求配备一定数量的安保人员。

2014 年第十三届北京国际汽车展览会 场馆分布图

图片来源：2014 年第十三届北京国际汽车展览会官网

（2）在活动现场设置紧急出口，在展览的入口处、门票上印制相关的注意事项，以减少意外的发生。

（3）在场的工作人员，应提高警惕，树立安全意识。

5）辅助性服务项目

展览会的主办方，作为展览会的组织者，应向参展单位提供一切必要的辅助性服务项目，如：

（1）展台的搭建与安装，汽车及零部件展品的运输与摆放等；

（2）与海关、商检、防疫等部门的协调；

（3）参展时相关证件、文件的办理与说明，如工作证、通行证等；

（4）电话、传真、复印、打印等相关服务；

（5）参展期间参展单位及工作人员的食宿、交通等。

2. 参加汽车展览会的礼仪

参展企业形象与工作人员形象构成了参展单位的品牌整体形象，整体性和统一性将会给参观者留下良好的印象。

1）参展企业形象

参展企业形象主要由展位、展台布置、汽车及其零部件展品的摆放、展品质量、发放的宣传资料等多方面组成。

（1）展台的布置应符合该参展单位的风格，简洁大方，采光充足。

（2）在主展台摆放主推车型，并在展车旁放置相应配置和价格表。

（3）展车的准备：展车表面应做到远看无灰尘、近看无手印；展车门锁和行李箱盖保

模块 5　汽车商务会展仪式礼仪

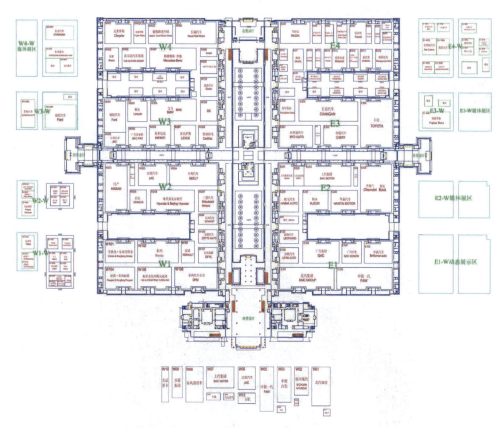

2014 年第十三届北京国际汽车展览会 展位分布图

图片来源：2014 年第十三届北京国际汽车展览会官网

持开启状态,方便顾客体验;展车轮胎表面应无灰,且上好轮胎光亮剂;展车轮毂品牌标志应向上;展车内保持干净、整洁,使用参展商同一品牌车垫、脚垫等。

（4）宣传资料印刷精美、图文并茂、资讯丰富,在资料上附有相应的联络方式;配有电子显示屏等多样化的宣传手段。

2）参展工作人员形象

（1）统一着装。在一般情况下,会展的工作人员应统一着工作服装或西装,并统一佩戴工作胸牌,便于辨别确认;作为讲解的主持人、车模可着符合该品牌车型风格的礼服进行演出展示。

（2）礼貌服务。端正服务态度,在接待顾客的过程中保持微笑,真诚、热情地欢迎前来参观的顾客。

（3）注意沟通技巧。了解顾客需求,配合宣传材料,适时向前来参观的观众介绍或说明展品。在与观众接触的过程中,对于观众提出的问题,予以耐心的解答。

5.2 汽车商务仪式礼仪

商务仪式是企业为了庆祝或纪念某个重要日子、重大事件而进行的气氛热烈而隆重的仪式。举办商务仪式表明了企业对此项活动庄重、严肃的态度。常见的汽车商务仪式有交车仪式、汽车发布会、新店开业剪彩仪式等。

5.2.1 汽车商务交车仪式

交车仪式是汽车销售成交后,成交流程中重要的一个环节,创造令顾客欣喜的交车仪式,可以让顾客感受到被重视,并使顾客感到经销商很感激其做出购买该品牌车辆的决定。

汽车新车交车仪式

1. 交车仪式流程

(1) 准备交车文件袋,应有车辆出厂合格证、车辆说明书、保险单、购车发票、车主资料、衍生服务单、费用清单、车辆检查表、汽车钥匙等。

(2) 销售顾问引导顾客进入交车区,向顾客交付钥匙,陪同客户做绕车检查;向顾客进行新车展示,着重向顾客展示新车外观,强调车辆崭新、零缺陷。

(3) 与顾客一同核对"交车检查表",请顾客签收"交车检查表"。

(4) 向顾客介绍展厅经理和为其爱车提供后续服务的售后服务顾问,感谢客户选择购买。

(5) 向顾客赠送特制礼品:车牌号普洱茶砖、车模、钥匙扣等。

(6) 为顾客及其新车牌照留念。

(7) 现场交车工作人员鼓掌向顾客表示祝贺,再次向客户表示感谢。

模块5 汽车商务会展仪式礼仪

2. 交车仪式中的注意事项

（1）及时了解顾客所定车辆的到货情况，如有延迟，应及时在原先约定的时间内通过电话、短信、邮件或信件的方式告知客户原因和准确的交车时间。

（2）主动与客户预约交车时间，根据客户的需求安排交车时间和内容。

（3）在交车的过程中，全程陪同客户，感谢客户。

5.2.2　汽车商务庆典仪式

在企业或单位中，时值所在单位成立周年时，本单位荣获某项荣誉时，取得重要业绩时等情况时均会举行庆典，以凝聚单位全体员工的凝聚力与荣誉感，同时加深社会各界人士对本单位的认识。

2015年中锐教育集团二十周年庆典

图片来源：中锐教育集团官网

在汽车商务庆典中比较常见的有汽车新车上市发布会。通过新车上市发布会，维护与客户之间的关系，提升品牌认知度和美誉度，从而促进销售。

庆典仪式的礼仪主要由组织庆典礼仪和参加庆典的礼仪两部分组成。

1. 组织庆典的礼仪

庆典的主要目的是塑造企业、单位的形象，扩大影响力。因此作为庆典的组织者，应从确定出席者、来宾接待、环境的布置、庆典程序四个方面进行考虑。

1）确定出席者

出席的人员通常包括上级领导、社会名人、合作伙伴、企业、单位员工及媒体。确定出席人员名单后，应尽早发出邀请或通知。

2）来宾接待

庆典开始或结束时，对来宾进行迎送；在庆典现场，对前来参加的来宾引导，将其送至指定地点；安排专人陪同年事已高或非常重要的来宾，使其感受到关心和照顾；在休息区摆放饮料和点心供来宾们使用。

3) 环境布置

举行庆典的现场是庆典活动的中心。庆典现场的安排、布置将会影响到出席庆典的嘉宾们对企业的印象好坏。在布置庆典现场时,应注意根据天气、环境影响及人数的多少,选择合适的地点。在庆典现场可进行装饰美化,突出热烈、隆重、喜庆的气氛。在庆典现场还要准备好相应的设备。

4) 活动宣传及报道

在活动筹办期,应采用多种媒体及渠道进行宣传。在活动期间,邀请相关媒体前来参与,并进行报道,扩大品牌知名度。

5) 庆典的流程

庆典的流程应根据庆典的具体内容进行确定。在拟定庆典流程时,应注意时间的把控,在一小时左右为宜。庆典的程序应涉及上级领导、主办单位、合作伙伴,均应有代表讲话或致辞。在流程中可安排少量文艺演出。

(1) 常规庆典流程如表 5-2 所示。

表 5-2 常规庆典流程

序号	流程及内容
1	来宾签到及入场
2	宣布来宾就座,介绍来宾
3	宣布庆典仪式正式开始
4	单位主要负责人致辞
5	邀请嘉宾讲话
6	奏乐、鸣礼炮
7	来宾合影留念
8	领导合影
9	媒体拍照

(2) 汽车新车发布会流程如表 5-3 所示。

2. 参加庆典的礼仪

1) 遵守仪式时间

对于企业、单位的仪式庆典,往往对于仪式开始的时间非常讲究。因此出席庆典时,应遵守时间,不得迟到或无故缺席,更不能中途退场。

2) 注重仪容仪表

出席庆典之前,应做好个人卫生,注意个人形象,以整齐、干净、大方的形象出席庆典。有些特殊场合对服装有特殊要求,如着晚装、宴会服等。

模块 5　汽车商务会展仪式礼仪

表 5-3　新车上市发布会流程

序　号	流程及内容	
1	来宾签到及入场	
2	仪式开始	（1）领导致辞
		（2）开场视频
		（3）开场表演
		（4）相关领导讲话
		（5）全国上市会视频
		（6）新车揭幕
		（7）产品动画展示
		（8）来宾合影留念
		（9）媒体拍照
3	助兴表演（舞蹈/歌曲）	
4	抽奖环节	
5	活动结束	
6	试乘试驾	

3）保持会场秩序

在参加庆典时，不能嬉戏打闹，这会给人产生不好的印象。尤其是在庆典过程中，安排了奏国歌这样的程序时，应严肃认真、起立、脱帽、立正，面向主席台行注目礼。

复习与思考

1. 判断题

（1）会展业是由会议、展览和大型活动业构成的。　　　　　　　　　　　　　（　　）

（2）在参加汽车展览会时，会展的工作人员应统一着工作服或西装，并佩戴胸牌。

（　　）

（3）参加汽车庆典仪式时不能嬉戏打闹，尤其是在庆典过程中，安排了奏国歌的程序时，应严肃认真、起立、脱帽、立正，面向主席台行注目礼。　　　　　　　　（　　）

2. 选择题

（1）世界知名的国际汽车展览会有（　　）。
　　A. 德国法兰克福汽车展览会　　　B. 法国巴黎汽车展览会
　　C. 北美国际汽车展览会　　　　　D. 日本东京汽车展览会
　　E. 中国北京汽车展览会　　　　　F. 瑞士日内瓦汽车展览会

（2）在汽车新车交车仪式中，为顾客准备的交车文件袋中应包含以下材料和文件（　　）。

A．车辆出厂合格证　　　　　　　B．车辆说明书

C．保险单　　　　　　　　　　　D．购车发票

E．车主资料　　　　　　　　　　F．衍生服务单

G．费用清单　　　　　　　　　　H．车辆检查表

I．汽车钥匙

 3．思考题

（1）什么是汽车展览会？是怎样分类的？

（2）汽车展览会礼仪包含哪几个方面？

（3）汽车新车交车仪式的流程是怎样的？

作业单 2-1 汽车商务形象礼仪——仪表礼仪

姓名：_____ **班级：**_____ **日期：**_____

根据汽车商务职业形象——仪表礼仪技能实训的完成情况,填写作业表 2-1。

作业表 2-1 汽车商务职业形象——仪表礼仪完成情况

序号	内	容	标　　准	完成情况
1	男士职业着装	商务西装 版型		
2		款式		
3		颜色		
4		衬衫		
5		领带		
6		皮鞋		
7		皮带		
8		公文包		
9		围巾		
10		袜子		
11		礼服		
12	女士职业着装	西装套裙 款式		
13		颜色		
14		面料		
15		职业便装		
16		衬衫		
17		丝巾		
18		皮鞋		
19		包		
20		袜子		
21		礼服		
22	配饰	首饰 项链		
23		戒指		
24		耳饰		
25		腕饰		
26		手表		
27		墨镜		

作业单 2-2　汽车商务形象礼仪——仪容礼仪

姓名：_____　班级：_____　日期：_____

根据汽车商务职业形象——仪容礼仪技能实训情况，填写以下内容。

1. 皮肤类型判断测试

根据皮肤类型判断测试情况填写作业表 2-2。

作业表 2-2　皮肤类型判断测试表

判 断 问 题		出 现 情 况		皮肤类型	对应的皮肤类型、问题
一天下来，皮肤在什么时候会开始会出油？	问题 1：睡觉醒来，皮肤出油多吗？	情况 1	睡觉醒来，油比较多，满脸都是油	油性皮肤	
		情况 2	有些油，但不算很多	混合性皮肤 中性皮肤	
		情况 3	没什么油	干性皮肤	
	问题 2：是否容易脱妆？	情况 1	大范围脱妆	油性皮肤	
		情况 2	午后脱妆，T 区脱妆	混合性皮肤	
		情况 3	不太脱妆	干性皮肤 中性皮肤	
	问题 3：是否容易长痘痘？	情况 1	容易长	油性 混合性皮肤	
		情况 2	很少或不长痘痘	干性皮肤 中性皮肤	

2. 皮肤清洁养护的完成情况

将皮肤清洁养护的完成情况填入作业表 2-3。

作业表 2-3　皮肤清洁养护的完成情况

序号	步　　骤		完 成 情 况
1	洁面		
2	化妆水		
3	精华液		
4	眼部护理		
5	乳液/面霜		
6	面部防护	白天：防晒霜/隔离霜	
		夜间：面膜	

3. 化妆用品及工具的完成情况

将化妆用品及工具的完成情况填入作业表 2-4。

作业表 2-4　化妆用品及工具的完成情况

序号	内　　容		完成情况
1	化妆品	底妆产品：隔离霜、粉底液、粉底霜、粉饼	
		定妆粉、散粉	
		眼影粉、眼影膏	
		眼线笔、眼线膏	
		睫毛膏	
		眉粉、眉笔	
		腮红	
		修容粉	
		唇膏、唇彩	
2	化妆工具	化妆海绵、化妆粉扑	
		眉钳	
		睫毛夹、假睫毛。睫毛粘合剂	
		化妆套刷	
		化妆棉	
		棉签	

4. 职业妆容的完成情况

将职业妆容的完成情况填入作业表 2-5。

作业表 2-5　职业妆容的完成情况

序　号	步　　骤	完成情况
1	底妆	
2	定妆	
3	眼影	
4	眼线	
5	睫毛	
6	眉毛	
7	腮红	
8	唇妆	
9	细节完善	

5. 职业发型的完成情况

将职业发型的完成情况填入作业表 2-6。

作业表 2-6　职业发型的完成情况

序号	内　容			完 成 情 况
1	美发工具及用品	发蜡、啫喱水		
		梳子		
		吹风机		
		发夹		
2	发型	男士	平头、寸头	
		女士	盘发	
			马尾	
			短发	

6. 汽车商务职业形象礼仪的完成情况

将汽车商务职业形象礼仪的完成情况填入作业表 2-7。

作业表 2-7　汽车商务职业形象礼仪的完成情况

实训内容		重点、难点		完 成 情 况
序号	内容			
1	基本仪容	面部清洁	脸部的清洁	
			口腔的清洁	
			胡须的清洁	
		四肢清洁	手部的清洁	
			脚部的清洁	
		服装、鞋帽的清洁		
2	皮肤护理	护肤用品认知		
		皮肤清洁养护流程		
3	职业妆容	化妆品及化妆工具认知		
		化妆的流程		
4	职业发型	美发工具及用品认知		
		打理塑造职业发型		

作业单 2-3 汽车商务形象礼仪——仪态礼仪

姓名：_____   班级：_____   日期：_____

根据汽车商务职业形象——仪态礼仪技能实训中剧本的编写与完成情况填写作业表 2-8。

作业表 2-8 汽车商务职业形象——仪态礼仪技能实训中剧本的编写与完成情况

序号	内容			剧情设计	完成情况
1	站立姿态	基本站姿			
2		礼仪站姿			
3	蹲坐姿态	蹲姿			
4		坐姿			
5	行走姿态				
6	手势姿态	手持物品			
7		递接物品			
8		服务手势	请人进门		
9			请人就座		
10			指引		
11			遮挡		
12	表情神态	眼神			
13		微笑			

作业单 3-1 汽车销售见面礼仪

姓名：_____   **班级：**_____   **日期：**_____

根据汽车销售见面礼仪技能实训中剧本的编写与完成情况填写作业表 3-1。

作业表 3-1 汽车销售见面礼仪实训作业单

实训内容		角 色	重 点 难 点	剧情设定	完成情况
序号	内容				
1	向客户问好	汽车商务人员 A、汽车商务人员 B			
2	称呼对方	汽车商务人员 A、汽车商务人员 B、客户 C	在汽车商务场合中，应如何称呼对方？		
3	自我介绍	汽车商务人员 A、汽车商务人员 B、客户 C	以汽车商务人员（汽车销售顾问/汽车服务顾问）的角色定位进行自我介绍。		
4	介绍他人	汽车商务人员 A	介绍他人互相认识时应注意什么？		
5	握手	汽车商务人员 A、汽车商务人员 B、客户 C			
6	向客户递上名片，接受客户的名片	汽车商务人员 A、汽车商务人员 B、客户 C	交换名片时的注意事项有哪些？		
7	引导客户进入洽谈区就座	汽车商务人员 A、汽车商务人员 B			

汽车商务人员 A(销售顾问/服务顾问)：
汽车商务人员 B(销售顾问/服务顾问)：
　　　　　　　　　　　客户 C：

作业单 3-2　汽车销售接待礼仪

姓名：_____　　**班级：**_____　　**日期：**_____

根据汽车销售接待礼仪技能实训情况完成以下内容。

1. 汽车商务人员仪容仪表自检

将仪容仪表自检情况填入作业表 3-2。

作业表 3-2　汽车商务人员仪容仪表自检

项　目		标　准	完 成 情 况
仪表	工作牌		
	西装		
	衬衣		
	领带/丝巾		
	配饰		
	鞋袜		
	头发		
仪容	指甲		
	职业妆容		

2. 销售工具包

将销售工具包中工具情况填入作业表 3-3。

作业表 3-3　销售工具包清单

序号	工 具 名 称	完 成 情 况
1	黑色水笔或钢笔	
2	便签纸	
3	计算器	
4	个人名片	
5	客户信息卡	
6	试乘试驾路线图	
7	试乘试驾协议书	
8	产品报价单	
9	产品销售合同等文件资料	
10	汽车保险相关材料和相关文件	
11	公司品牌下产品宣传单页	
12	最新的关于公司品牌的媒体正面报道（含报纸、杂志、网络等相关报道）	
13	其他	

3. 汽车销售接待礼仪实训剧本的编写与完成情况

将汽车销售接待礼仪实训剧本的编写与完成情况填入作业表 3-4。

作业表 3-4　汽车销售接待礼仪实训作业单

实训内容		角　色	重点难点	剧情设定	完成情况
序号	内容				
1	接待前准备	汽车商务人员 A、汽车商务人员 B	(1) 自身准备； (2) 环境准备：店内卫生及周围卫生；展车的位置摆放及清洁 (3) 工作准备：工装；销售辅助工具；办公用具；接待工具等		
2	引导客户进入洽谈区	汽车商务人员 A、客户 C	在汽车商务场中应如何引导客户？		
3	向客户奉茶	汽车商务人员 A、客户 C	向客户奉茶时的注意事项有哪些？		
4	与客户进行洽谈	汽车商务人员 B、客户 C			
5	向客户进行车辆介绍	汽车商务人员 B、客户 C	车辆六方位介绍		

汽车商务人员 A(销售顾问/服务顾问)：
汽车商务人员 B(销售顾问/服务顾问)：
　　　　　　　　　客户 C：

作业单 4-1　汽车服务电话礼仪

姓名：_____　　班级：_____　　日期：_____

根据汽车服务电话礼仪技能实训情况填写以下内容。

1. 接听电话剧本编写与完成情况

将接听电话剧本的编写与完成情况填入作业表 4-1。

作业表 4-1　接听电话剧本的编写与完成情况

序号	步　　骤	重 点 难 点	剧 情 设 定	完成情况
1	拿起话筒，接听电话	(1) 接听电话时，应在三声铃响之内 (2) 接听时，精神状态良好，使用普通话。接听时使用问候语，使用工作式自我介绍 (3) 做好接听准备		
2	确认对方信息			
3	确认此次通话的目的及信息	做好通话记录		
4	对重要信息进行复述、确认	核实重要信息，并复述给对方进行确认		
5	结束通话	等待对方放下电话后，轻轻放下话筒，结束通话		

2. 拨打电话剧本编写与完成情况

将拨打电话剧本的编写与完成情况填入作业表 4-2。

作业表 4-2　拨打电话剧本的编写与完成情况

序号	步骤	重点难点	剧情设定	完成情况
1	拨打电话的准备工作	预先确认客户个人信息、明确此次通话的目的,准备相应的资料和文件,预测此次通话中出现的情况及对策		
2	确认通话对象			
3	问候、自我介绍	工作式自我介绍		
4	说明来电目的	核实重要信息,并复述给对方进行确认		
5	结束通话	等待对方放下电话后,轻轻放下话筒,结束通话		

3. 汽车服务电话礼仪完成情况

将汽车服务电话礼仪完成情况填入作业表 4-3。

作业表 4-3　汽车服务电话礼仪完成情况

序号	实训内容 内容	角色	重点难点	完成情况
1	接听电话	汽车商务人员 A、客户 C	接听电话的流程	
2	转接电话	汽车商务人员 A、客户 C	留言的规范	
3	拨打电话	汽车商务人员 B、客户 C	拨打电话的流程	
4	给客户发送确认信息	汽车商务人员 B		

汽车商务人员 A(销售顾问/服务顾问):
汽车商务人员 B(销售顾问/服务顾问):
　　　　　　　客户 C:

作业单 4-2　汽车商务文书礼仪

姓名：_____　　班级：_____　　日期：_____

根据汽车商务文书礼仪——电子邮件实训剧本的编写与完成情况填写作业表 4-4。

作业表 4-4　汽车商务文书礼仪——电子邮件实训作业单

实训内容		重点难点	剧情设定	完成情况
序号	内　容			
1	邮箱的设置	(1) 注册商务邮箱； (2) 设置邮箱名称		
2	书写邮件	(1) 主题； (2) 正文内容：以汽车销售顾问李明的身份向客户王先生发送一封电子邮件； (3) 正文格式：书信格式； (4) 附件		
3	发送邮件	(1) 发送的方式； (2) 发送的时机		
4	提醒收件人查收邮件			

参 考 文 献

[1] 金正昆.服务礼仪教程[M].北京：中国人民大学出版社,2010.
[2] 杨茳,王刚.礼仪师培训教程[M].北京：人民交通出版社,2007.
[3] 钟晓红,钟萍.现代商务礼仪[M].天津：天津大学出版社,2009.
[4] 孟晋霞.汽车商务礼仪[M].北京：清华大学出版社,2012.
[5] 魏巍.销售礼仪与沟通技巧培训全书[M].北京：中国纺织出版社,2015.
[6] 张晓梅.全方位做女人,晓梅说美颜[M].北京：中国青年出版社,2014.
[7] 张晓梅.穿出你的影响力——晓梅说高端商务形象(男士篇)[M].北京：中国青年出版社,2014.
[8] 张晓梅.穿出你的影响力——晓梅说高端商务形象(女士篇)[M].北京：中国青年出版社,2014.
[9] 人力资源和社会保障部教材办公室.化妆师：初级、中级、高级[M].北京：中国劳动社会保障出版社,2009.
[10] 人力资源和社会保障部教材办公室.形象设计师.基础知识[M].北京：中国劳动社会保障出版社,2015.
[11] 中国就业培训技术指导中心.会展策划师：基础知识[M].北京：中国劳动社会保障出版社,2008.
[12] 陈学文.形体训练教程[M].重庆：重庆大学出版社,2010.
[13] 刘怀连.汽车文化[M].北京：冶金工业出版社,2009.
[14] 艾若扎维克.汽车概论[M].胡勇,吉勇俊,译.北京：北京理工大学出版社,2010.
[15] 章年卿.应用文写作概论[M].北京：教育科学出版社,2011.
[16] 张涛.茶艺基础[M].桂林：广西师范大学出版社,2014.
[17] 刘韵,杨红艳,杨娜.汽车商务礼仪实训[M].上海：同济大学出版社,2014.
[18] 刘韵,李海燕.汽车服务顾问实战[M].上海：同济大学出版社,2014.
[19] 吴荣辉,陈信文.汽车销售与服务流程[M].上海：同济大学出版社,2010.
[20] 胡常海."著名汽车展览会"教学设计[J].中国教育装备技术,2014(2)：58-61.
[21] 彭传新.奢侈品品牌文化研究[J].中国软科学,2010(2)：69-77.
[22] 杨雪.浅谈职场新人职业形象设计与商务礼仪[J].时代教育,2010(7)：148-149.
[23] 洪玲.职业形象设计课程定位研究[J].商场现代化,2010(8)：228-229.
[24] 宋宇一.车展主题与展示设计研究[D].江苏大学,2014(6).
[25] 顾敏霞.基于体验经济下汽车展会设计研究[D].江苏大学,2013(6).
[26] 陈宁宁.长春汽车博览会展会进度管理研究[D].中国海洋大学,2011(1).
[27] 新华网(江苏).专家：中国人奢侈品消费将由国外转向国内[EB/OL].[2016-2-22]. http://www.js.xinhuanet.com/2016-02/22/c_1118112666.htm.
[28] 百度百科.即时通信[DB/OL].[2016-3-2]. http://baike.baidu.com/subview/1526/13606924.htm.
[29] 百度百科.法拉利[DB/OL].[2016-3-3]. http://baike.baidu.com/view/4490.htm.
[30] 百度百科.兰博基尼[DB/OL].[2016-3-3]. http://baike.baidu.com/view/9686.htm.
[31] 百度百科.路易威登[DB/OL].[2016-3-2]. http://baike.baidu.com/view/38569.htm.
[32] 百度百科.爱马仕[DB/OL].[2016-3-9]. http://baike.baidu.com/view/8087233.htm.
[33] 百度百科.卡地亚[DB/OL].[2016-3-9]. http://baike.baidu.com/view/40575.htm.

[34] 百度百科.蒂芙尼[DB/OL].[2016-3-3].http://baike.baidu.com/view/1384660.htm.
[35] 百度百科.香奈儿[DB/OL].[2016-3-3].http://baike.baidu.com/subview/38529/6848540.htm.
[36] 百度百科.迪奥[DB/OL].[2016-2-27].http://baike.baidu.com/subview/14440/12233074.htm.
[37] 百度百科.劳力士[DB/OL].[2016-2-27].http://baike.baidu.com/view/15184.htm.
[38] 百度百科.菲拉格慕[DB/OL].[2016-2-27].http://baike.baidu.com/view/1063638.htm.

汽车发动机电控技术（柴油）
新能源汽车
汽车网络结构与检修
汽车电控技术
汽车行业法律法规案例教程
汽车认识与使用
汽车发动机构造与检修
二手车鉴定与评估
汽车维护作业
汽车商务礼仪
汽车销售顾问实务
汽车保险与理赔实务
汽车底盘构造与检修
汽车底盘电控技术

清华社官方微信号

扫我有惊喜

ISBN 978-7-302-44027-7

定价：49.00元